Cómo pagar su hipoteca en 6 a 8 años:

Hábitos de riqueza de los ricos que le ahorrarán miles

Por

Joe Correa

Derechos de Autor

Reconocimientos

Este libro está dedicado a todas las personas en el mundo que deben dinero y quieren salir de la deuda. Espero que use los conceptos en este libro para eliminar la deuda y empezar a vivir libre financieramente. La mayoría de las personas nunca se dan cuenta que viven en esclavitud financiera hasta que es demasiado tarde. Es mi deseo finalizar esta esclavitud en el mundo al hacer a las personas más inteligentes en las formas del dinero, dándoles las herramientas para crear un futuro mejor.

Introducción

Cómo pagar su hipoteca en 6 a 8 años: Hábitos de riqueza de los ricos que le ahorrarán miles

Por Joe Correa

¿Quiere pagar su hipoteca y liberarse de la deuda?

Este libro tiene la solución. Está repleto de ideas valiosas y ejemplos que otros han utilizado para eliminar la deuda por hipoteca en tan solo pocos años. Aprenderá a minimizar gastos y planificar su estrategia de pago de forma organizada y práctica.

¿Qué ofrecen los bancos como solución?

La mayoría de los bancos solo le dan una opción, la cual es básicamente enviar su pago cada mes por los siguientes 30 años. Sí, habrá pagado su deuda en ese momento, pero hay una forma mejor. Una forma más rápida y simple que requiere planificación simple para lo que necesita hacerse.

¿Tiene una hipoteca de 30 años?

¿Tiene deuda de tarjeta de crédito?

¿Hace pagos de seguro e impuestos a la propiedad?

Si contestó "si" a cualquiera de estas preguntas, puede reducir seriamente la deuda por hipoteca y el tiempo que le llevará pagarla. Si contestó "no", hay otras opciones que están explicadas en detalle.

La mayoría de los libros le dan ideas generales sobre qué puede hacer para eliminar su hipoteca, pero este libro le muestra cómo hacerlo con ejemplos y soluciones reales.

Verá cómo se amortizan los pagos, cuánto interés va hacia los pagos, y cuánto interés pagará a lo largo de la vida del préstamo cuando se presenta con soluciones diferentes.

¿Por qué es importante pagar su hipoteca?

Tener una hipoteca de 30 años puede ser una bendición y un dolor de cabeza al mismo tiempo. La mayoría de las personas financian su primer casa mientras están en sus 30 años, lo que significa que terminarán de pagar su hipoteca durante sus 60 años, sino después. Cuando finalmente termina, habrá eliminado unos de sus más grandes pagos mensuales y puede empezar a ahorrar mucho más que antes. ¿Adivine qué? Está cerca de la edad de retiro, asique ¿qué ocurrirá con su ingreso? Para algunos se mantendrá igual. Para otros, bajará levemente. Y para muchos, desaparecerá y tendrán que vivir de los ahorros mientras duren. Tener menos gastos con anticipación, significará tener más ahorros para los años futuros y menos pagos para hacer reducirá la carga financiera al retirarse.

Tomar pasos proactivos hacia el pago de su hipoteca con anticipación cambiará su vida. Le permitirá liberar tiempo para hacer lo que realmente quiere y pagar menos.

¡Pague su hipoteca y empiece a vivir la vida que siempre quiso! Váyase de vacaciones, pase el tiempo con las personas que ama, o empiece un negocio nuevo.

Acerca del Autor

Por muchos años, he ayudado a personas a financiar sus casas o reducir sus pagos. He trabajado para diferentes bancos, prestamistas, y una gran firma aconsejadora de inversiones. Empecé como un profesor de matemática en la Universidad Miami-Dade Community, enseñando todos los temas de matemáticas que se me pedía que enseñe a los 23 años, lo cual era un poco embarazoso para muchos de mis estudiantes, ya que varios de ellos eran de mi edad o mayores, pero mi habilidad para enseñar a otros y dominar las matemáticas me ayudaron a hacer fáciles aquellos temas difíciles de entender. Es por ello que mis clases se volvieron más y más grandes. Fui abordado por el Banco Union Planters, el cual es ahora el Banco Regions, uno de los más grandes bancos en el país, y trabajé para ellos como un Representante de Ventas Financieras en una de sus sucursales. Esta fue una etapa importante de aprendizaje que me permitió ver el valor de ayudar a otros. Diariamente era requerido para abrir las puertas del banco, la bóveda, cuentas bancarias personales y comerciales, completar líneas de crédito y préstamos para casas, y muchas otras tareas. Disfruté especialmente cerrar préstamos para casas y quería aprender más, asique obtuve mi licencia en hipotecas y fui a trabajar para una compañía de hipotecas por comisión.

Todos estaban ocupados. Había tanto trabajo y tantos bancos dispuestos a prestar. Un año después comencé mi propio negocio de hipotecas y pronto hice la transición hacia un prestamista, quien luego se convirtió en uno de los mejores 100 del estado de Florida. Fui capaz de ayudar a cientos de personas a comprar su casa, refinanciar hacia pagos más bajos, y tomar el dinero para pagar deudas o reinvertir. Cuando la economía se volvió lenta y los bancos dejaron de prestar tanto, decidí enfocarme en ayudar a los inversores al convertirme en un consejero financiero. Obtuve mi licencia Serie 67 y empecé mi propio negocio de consejería. La mayoría de los inversores habían perdido la confianza en la economía y no querían volver a invertir, asique decidí ayudar a otros al educarlos. Espero que este libro llegue a la mayor cantidad de personas como sea posible, y ayude a formar un futuro nuevo para muchos que puedan sentirse varados por sí mismos sin una solución.

Contenidos

Prefacio

En general, tener una hipoteca de 30 años es mejor que un préstamo, ya que eventualmente será dueño de algo una vez que se pague. Es un inicio, pero ser dueño de una casa sin hipoteca o préstamo es el fin mayor.

Pagar su hipoteca con anticipación tendrá estos efectos positivos en su vida:

- Le permitirá ahorrar más dinero
- Reducirá el mondo del estrés financiero que tiene
- Hará su vida más simple y sencilla de manejar
- Liberará tiempo para hacer otras cosas
- Le ahorrará mucho dinero en interés
- Le permitirá pasar más tiempo con la familia y menos trabajando
- Liberará dinero que podría estar invirtiendo en otros proyectos.

Hacer que su finalidad principal sea pagar su hipoteca más temprano debería estar primera en la lista de cosas "por hacer", por todos los beneficios que trae. Aprenda a jugar el juego usando herramientas nuevas y mejores que están a su disposición si lee este libro y se da cuenta de cuáles son, y comienza a ponerlas en acción.

Recuerde siempre escribir sus fines y leerlos diariamente para hacerlos realidad. Este es un hábito común que las personas muy exitosas tienen, y es simple de realizar. Pagar su hipoteca y todas las deudas debería ser su enfoque principal, ya que abre su vida a más oportunidades.

¿Qué tipo de vida quiere para usted y su familia?

Tener una deuda y tener la responsabilidad de hacer pagos cada mes puede ser muy difícil. Saber que su empleo es vital para su habilidad de realizar los pagos cada mes es estresante y lo hace sentir como si estuviese siendo forzado a trabajar en vez de hacerlo porque en realidad disfruta lo que hace. Por esa razón, encontrar una solución a este problema es lo que haremos en los capítulos por venir.

¿Por qué paga su hipoteca?

Todos hacen pagos de hipoteca con la esperanza de terminar de pagarla un día y eventualmente ser dueño de su casa sin limitaciones, pero usualmente se siente como un camino sin fin. Al principio de la vida de una hipoteca de 30 años, por ejemplo, sus pagos mensuales van mayoritariamente hacia el pago de intereses y solo una porción pequeña va a lo principal. Durante los primeros años notará que el saldo de su préstamo no baja mucho.

¿Quién es dueño de su casa?

Usted es dueño de su casa, pero muchas veces siente que su hipoteca se adueña de usted. Si vende su casa, el banco cobra y usted recibe la proporción que queda de la casa, pero si no la vende, debe tener un plan para pagar la hipoteca en menos de 30 años para ahorrar en los pagos de intereses.

El poder de ser dueño

Ser dueño de su casa lo hace sentir en control. Lo hace sentir que está en el camino correcto hacia un futuro financiero brillante. Esto es maravilloso, pero solo será brillante si usted planifica su futuro. Hacer pagos de hipoteca por 30 años no es una mala cosa, pero podría estar mejor al pagarla con anticipación, y este debería ser su fin principal al tratarse de las finanzas de su hogar.

Rentar vs. Ser Dueño

Rentar una casa puede ser algo de lo que tiene opción, o a veces usted está forzado porque no puede pagar una casa o no califica para una hipoteca. En cualquier caso, encontrar una solución a este problema es importante, porque cuanto antes compre una casa, antes podrá pagarla y reducir gastos significativamente. Si tiene menos pagos, puede ahorrar más dinero y retirarse más temprano, o invertir en otra casa o negocio. Hay tanto que puede hacer con su dinero una vez que paga su hipoteca.

Una hipoteca de 30 años es un compromiso grande

Hacer pagos de una hipoteca por 30 años es un compromiso grande, y es por ello que siempre es mejor saber qué opciones tiene para pagarla con anticipación y reducir la carga financiera que puede causar en su estilo de vida presente y futuro.

Seguro de Hipoteca

El seguro de hipoteca no será utilizado en los ejemplos de este libro ya que hay formas de eliminar el seguro al poner un pago inicial de 20% o tener 20% de equidad cuando se refinancia, o al obtener seguro de hipoteca de prestamista. La mayoría de los bancos permitirán una o más de estas opciones. Siempre busque una forma de eliminar el seguro de hipoteca de sus pagos mensuales

Cómo pagar su hipoteca en 6 a 8 años:

Hábitos de riqueza de los ricos que le ahorrarán miles

Por

Joe Correa

CAPÍTULO 1

La realidad de pagar una hipoteca por 30 años

"La deuda es esclavitud de los libres"

Publilius Syrus

Debería empezar por decir que amo los números. Los números son honestos y precisos. Dicen la verdad de lo que está sucediendo. Por esa razón, veremos diferentes opciones, de las cuales algunas aplicarán a su caso y otras no, pero igualmente serán información valiosa que mejorará su vida financiera. Al final, mejorar su vida financiera debería mejorar también su vida por completo, permitiéndole tener menos estrés y más tiempo libre para hacer lo que ama. Use la sección del vocabulario al final de este libro en el caso de que algunos términos no estén claros, pero todo debería ser auto-explicativo.

En abril del 2007, cuando la economía estaba reduciéndose rápidamente, todos aprendimos una lección importante. Los bienes raíces no siempre se incrementan y si compra en el momento equivocado, podría terminar teniendo negativo en el lado de la equidad de las cosas. Esto significa que podría comprar una casa a $300,000 y años después termina valiendo solo $200,000, dependiendo del mercado de bienes raíces y dónde vive, ya que ciertas áreas tienen subidas y bajadas más pronunciadas. Esto hace que se dé cuenta que los bienes raíces pueden ser especulativos al invertir y que darse cuenta de cuándo comprar puede hacer la diferencia en el mundo. Los bienes raíces pasan a través de un ciclo como todos los mercados financieros. Cuando la demanda de casas es alta y el suministro de casas es bajo (muchos compradores y no suficientes vendedores), los precios suben, y cuando hay mucho suministro y poca demanda los precios bajan (muchos vendedores y no suficientes compradores).

¿Qué significa todo esto?

Esto le dice que se tiene que enfocar en lo que usted tiene control en vez de preocuparse si está comprando una casa en el ciclo equivocado de los bienes raíces.

¿Sobre qué tiene control usted?

Puede controlar los términos bajo los cuales usted financia su casa, basado en las opciones disponibles en el momento. Puede también controlar qué tan rápido paga su hipoteca y qué tan pronto será dueño de su casa libre de deuda. Tener no deuda en su casa le da mucha flexibilidad y reduce la tensión financiera de tener pagos mensuales de hipoteca.

Asique no puede controlar la economía o el mercado inmobiliario, pero puede controlar cómo maneja sus financias.

Este libro entrará en detalle sobre cómo manejar sus finanzas lo mejor posible para pagar su hipoteca antes de los 30 años propuestos por el banco.

Para simplificar, asumiremos ciertos números cuando hacemos nuestros cálculos ya que, aunque puedan no ser específicos para su caso, le darán una idea de lo que podría hacer con lo que tiene. Los decimales han sido redondeados hacia arriba para simplificar.

Información estándar que será repetida

Para la compra de casas asumiremos un precio de compra de $300,000. Para refinanciaciones asumiremos un valor de $350,000. Para una hipoteca de 30 años asumiremos una tasa de interés de 4.5% y lo mismo para 15 años. Normalmente, las tasas para 15 años son más bajas que las de 30, pero para mantener los números constantes usaremos la misma para ambos.

¿Qué es una hipoteca de 30 años y por qué las personas la obtienen en vez de un término de menos años?

Una hipoteca de 30 años es una promesa que hará al banco en la forma de derecho de retención, que es puesto en la casa hasta que se paga por completo o la vende. *La mayoría de las personas obtienen una hipoteca a 30 años porque ofrece el pago mensual más reducido*, lo cual tiene mayor sentido para las personas, pero aprenderemos que hay mejores formas de pagar una hipoteca.

Una hipoteca a 30 años se ve así:

Usted compra una casa por $300,000

Obtiene una financiación en la forma de 95% hipoteca, lo que sería: $285,000

Eso significa que usted hizo un pago inicial de 5%, o sea: $15,000

Sus pagos mensuales de hipoteca se ven así con una tasa de 4.5%:

Pagos mensuales de hipoteca a 30 años: $1,444

Pagos mensuales de hipoteca a 15 años: $2,180

Pagos mensuales de hipoteca a 10 años: $2,954

Para simplificar, no entraremos en hipotecas ajustables, las cuales tienen tasas ajustables luego de un período específico de tiempo como 5, 7 o 10 años.

¿Qué ve?

El pago a 30 años es el más bajo y el de 10 años el más alto. El pago de 10 años es casi el doble del de 30 años, pero la hipoteca se pagará en 1/3 del tiempo, lo que es un gran beneficio si puede pagarlo.

Ahora consideremos el interés pagado a través de los años para una hipoteca de 30 años, ya que es en lo que nos enfocamos en este capítulo.

Veremos un cronograma de amortización de 30 años, que es básicamente cuánto de su hipoteca es pagado cada año.

Los pagos mensuales de la hipoteca son de $1,444, y su deuda total al final del año es aproximado:

Asumiendo que empieza a pagar en abril.

Año 1: $280,402

Año 2: $275,593

Año 3: $270,564

Año 4: $265,303

Año 5: $259,800

Año 6: $254,045

Año 7: $248,025

Año 8: $241,729

Año 9: $235,143

Año 10: $228,255 **(Luego de 10 años, 33% de su hipoteca debería haberse reducido, pero solo aproximadamente 20% lo hizo, lo cual significa que la mayor parte de sus pagos mensuales han ido hacia el interés y no el principal)**

Año 11: $221,050

Año 12: $213,515

Año 13: $205,633

Año 14: $197,389

Año 15: $188,767 **(Luego de 15 años, 50% de su hipoteca debería haberse reducido, pero solo aproximadamente 33% lo ha hecho, lo cual significa que más de sus pagos mensuales han ido hacia el interés, no lo principal)**

Año 16: $179,748

Año 17: $170,315

Año 18: $160,449

Año 30: $0 **(Hipoteca pagada)**

El pago total hecho luego de 30 años, que es lo mismo que 360 meses, sería $519,858.

¡Los intereses totales serían $519,858 - $285,000 = $234,858!

He salteado los años 19-29 porque este libro es acerca de enfocarse en pagar la hipoteca antes y no llegando al final de la misma, y esto puede ser hecho a través de acciones inteligentes y una buena planificación.

Esto es un abridor de ojos para muchas personas porque no se dan cuenta de en lo que se han metido. Si está planeando vender su casa en los primeros 6 a 8 años, entonces esta información es irrelevante, pero aún muy útil en caso de que tenga un amigo o familiar que está planeando mantener su casa por un tiempo mayor.

Como puede ver, luego de 10 años usted aún debe 80% de su hipoteca, y luego de 15 años un 66%. Este es el enfoque pasivo de pagar su hipoteca. Esta es la forma en que el banco le propone pagar la hipoteca para así recolectar 30 años de intereses y haciéndolo pagar la mayoría del mismo en los primeros años, ellos minimizan el riesgo. Esta es una transacción comercial simple y usted acuerda hacerla porque le permite comprar una casa para la que de otra manera no calificaría. Puede tomar un enfoque mejor y más rápido para pagar su hipoteca. Verá ese primer enfoque en el capítulo siguiente.

¿Cuánto interés se pagó?

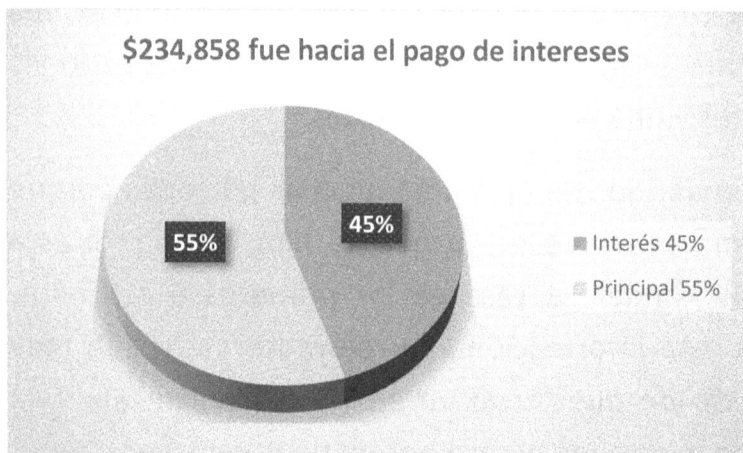

$234,858 fue hacia el pago de intereses

55%

45%

■ Interés 45%

▩ Principal 55%

Al pagar su hipoteca en 30 años y sin pagos adicionales, usted habrá pagado **$234,858 en interés, lo que significa que 45% de sus pagos fue hacia el interés** y 55% hacia el pago principal. ¿Qué haría con $234,858 si pudiese utilizarlo para otro propósito? ¿Qué haría si pudiese aprender una forma de ahorrar una gran porción de esta cantidad? La mayoría de las personas no saben qué pasos seguir para reducir el interés que pagan en su hipoteca, pero hay mejores opciones.

¡Empecemos a encontrar mejores soluciones para pagar su hipoteca más rápido!

PUNTOS CLAVE PARA RECORDAR

1. Siempre pagará más interés cuando obtiene una hipoteca a 30 años contra una de término menor.

2. Los pagos mensuales de hipoteca son casi siempre los más bajos en una hipoteca a 30 años, pero también paga mayoritariamente interés al inicio de los 30 años.

3. Luego de 10 años de pagar una hipoteca a 30 años, usted sólo habrá pagado 20% de su deuda.

4. Luego de 15 años de pagar una hipoteca a 30 años, usted sólo habrá pagado 33% de su deuda.

CAPÍTULO 2

Cómo Jack y Samantha pagaron su hipoteca en 15 años

"La deuda es la peor pobreza"

Thomas Fuller

Recibo una llamada de Susan, mi prestamista: "Joe, tenemos un cliente que quiere una hipoteca de 15 años".

"Eso es genial. Por favor organiza una cita para que nos sentemos en persona y veamos la situación específica", respondí.

"Quieren saber qué tasa ofrecemos en una hipoteca fija de 15 años", ella respondió.

"Diles que no puedo cotizarles una tasa específica de interés hasta tener más información. Necesito saber cuánto pueden hacer de pago inicial, si es una compra o refinanciación, cuál es su puntaje crediticio, su ingreso, etc. De esta forma podemos ser precisos con la información que les proveemos", respondí.

Así es como empezó la mañana, pero en la tarde pudieron venir a mi oficina y explicar su situación.

¿Cómo funcionó?

Jack y Samantha querían mantener los pagos de su hipoteca bajos, pero también querían pagarla antes de 30 años y pagar menos interés en el término del préstamo. Decidieron que querían una hipoteca a 15 años ya que podían realizar los pagos de hipoteca a pesar de ser más altos que la de 30 años.

La hipoteca a 15 años de Jack y Samantha se veía así:

Compraron una casa por $300,000

Obtuvieron financiamiento por $285,000, lo que significa que financiaron el 95% del valor de la casa

Dieron un pago inicial del 5%, que es $15,000.

El pago mensual de su hipoteca a 15 años con un interés de 4.5% era de $2,180.

Ahora consideremos el interés pagado a lo largo de los 15 años de hipoteca, ya que es lo que Jack y Samantha querían.

Veremos el cronograma de amortización, que es básicamente cuánto de la deuda se paga cada año.

Los pagos mensuales totales son de $2,180 y su deuda total al final de cada año es aproximadamente:

Asumiendo que inician los pagos en abril.

Año 1: $271,384

Año 2: $257,142

Año 3: $242,246

Año 4: $226,665

Año 5: $210,369

Año 6: $193,324

Año 7: $175,496

Año 8: $156,849

Año 9: $137,346

Año 10: $116,946

Año 11: $95,610

Año 12: $73,293

Año 13: 49,951

Año 14: $25,536

Año 15: $0 **(la hipoteca ha sido pagada)**

Los pagos totales de interés en un plazo de 15 años o 180 meses son:

$392,442 (pagos totales) - $285,000 (monto del préstamo) = **$107,442.**

El interés total pagado por una hipoteca a 30 años es $234,859 - $107,442 (intereses totales de 15 años). Al pagar su hipoteca en 15 años en vez de 30, se ahorraron **$127,417 en pagos de interés durante la duración del préstamo.**

Qué diferencia hizo hacer pagos por 15 años en vez de 30 años. Jack y Samantha ahorraron en interés a lo largo del préstamo y terminaron de pagar su hipoteca en la mitad del tiempo, asique tienen 15 años más para disfrutar la vida con pagos mensuales menores que alguien que tiene una hipoteca a 30 años. ¡Hurra!

¿Cuánto interés se pagó en 15 años?

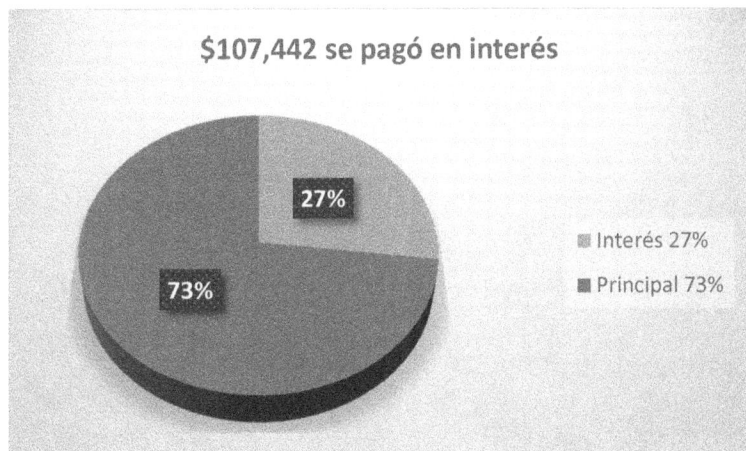

$107,442 se pagó en interés

27%

73%

Interés 27%

Principal 73%

Al pagar su hipoteca en 15 años, habrá pagado $107,442 en interés, lo que significa que solo 27% de sus pagos fueron hacia él y 73% hacia la deuda principal. Esto es la mitad del tiempo que le lleva una hipoteca a 30 años y se ahorra $127,417 en interés.

Tener una hipoteca a 15 años significa que tendrá pagos mensuales más altos, pero al final ahorrará mucho más dinero, que puede guardar para su retiro.

¿Cuánto ahorró en interés si compara una hipoteca a 30 años contra una de 15 años?

$234,859 se pagó en interés

Al pagar su hipoteca a 30 años, habrá pagado **$234,859 en interés, lo que significa 45% fue hacia el interés** y 55% hacia lo principal. En una hipoteca a 15 años, habrá pagado solo 27% en interés y 73% en la deuda principal.

45% - 27% = 18%

Pagará un 18% más de intereses con una hipoteca a 30 años que con una de 15 años. ¡Este 18% equivale a $127,417 que usted habrá pagado extra por tener una hipoteca de 30 años!

PUNTOS CLAVE PARA RECORDAR

1. A pesar de que los pagos mensuales serán más altos, habrá pagado su deuda en la mitad del tiempo cuando obtiene una hipoteca a 15 años en vez de una a 30 años.

2. Ahorrará una cantidad de dinero substancial en pagos de interés con una hipoteca a 15 años en vez de una a 30 años.

3. La mayoría del tiempo, las tasas de interés son menores en hipotecas a 15 años, por lo que ahorrará en ese sentido también.

4. Obtener una hipoteca a 15 años es una decisión financiera inteligente cuando pueda realizar los pagos.

CAPITULO 3

Cómo Jill y Tom pagaron su hipoteca en 13 años y 5 meses usando pagos quincenales

"Los Prestamistas tienen mejores memorias que los deudores."

Benjamin Franklin

Una pareja adorable vino a mi oficina un día preguntando por una hipoteca. Mencionaron que querían pagarla antes de los 30 años usuales, ya que estaban trabajando duro para retirarse en 30 años y no querían tener que pagar una hipoteca entonces.

Les pregunté: "¿Han oído de hipotecas a 15 años?

Tom respondió: "Si, claro".

"Si pueden costear los pagos, ésta sería una buena opción a considerar, pero la elección es suya una vez que les muestre la diferencia en pagos", respondí.

Jill preguntó: "¿Hay algo más que podamos hacer para reducir el tiempo que toma pagar el préstamo?"

"Si, puede hacer pagos adicionales cada año o usar un método de pago quincenal, que les permitiría terminar de pagar su hipoteca más rápidamente", respondí.

Jill preguntó: "¿Cómo funcionaría eso?"

"Bien, básicamente termina haciendo 26 medios pagos anuales, que terminarían siendo 13 pagos mensuales de hipoteca", le respondí.

Jill y Tom: "Genial, eso es lo que queremos"

Cómo funcionó

Jill y Tom decidieron tener una hipoteca a 15 años y querían hacer pagos quincenales para hacer un pago adicional al fin de cada año. Los pagos quincenales son básicamente pagos cada 2 semanas en vez de cada mes. Para las personas que reciben un salario cada 15 días, tiene sentido. También funciona bien para la mayoría que puede costear los pagos.

La hipoteca a 15 años de Jill y Tom se ve así:

Compraron una casa por $300,000

Obtuvieron un financiamiento de 95% en hipoteca: $285,000

Lo cual significa que hicieron un pago inicial de 5%, que es $15,000

Sus pagos mensuales de hipoteca, con un interés de 4.5%, se veían así:

Sus pagos mensuales son: $2,180, pero decidieron hacer pagos quincenales, asique eran $1,090 cada dos semanas, lo que equivale a 13 pagos mensuales por año.

Ahora, consideremos el interés pagado a lo largo de los 15 años de hipoteca, ya que eso es lo que Jill y Tom tienen.

Veremos el cronograma de amortización, que es básicamente cuánto de la deuda por hipoteca es pagado cada año.

Basado en pagos quincenales de $1,090, su deuda total al final de cada año es:

Asumiendo que empiezan a pagar en abril.

Año 1: $269,204

Año 2: $252,682

Año 3: $235,401

Año 4: $217,326

Año 5: $198,420

Año 6: $178,647

Año 7: $157,964

Año 8: $136,332

Año 9: $113,706

Año 10: $90,041

Año 11: $65,288

Año 12: $39,398

Año 13 (más 5 pagos mensuales): **$0 (la hipoteca ha sido pagada).**

Asumiendo que no haya penalidad por pagar la hipoteca por adelantado, antes de que finalice el término del préstamo.

¿Cuánto interés se pagó usando pagos quincenales?

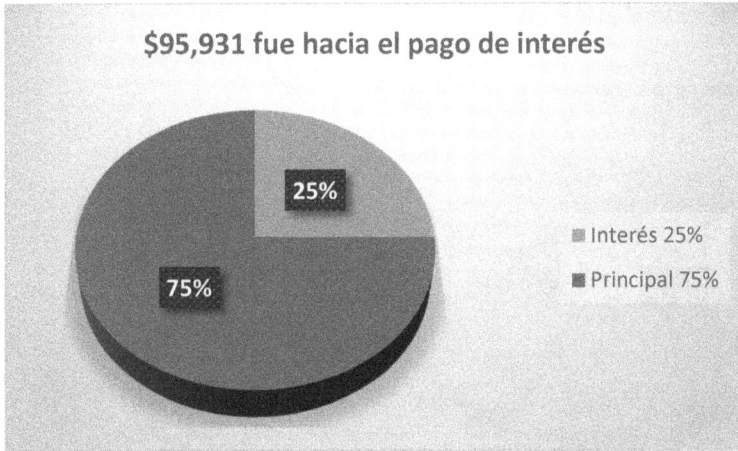

$95,931 fue hacia el pago de interés

25%

75%

- Interés 25%
- Principal 75%

Al utilizar pagos quincenales en una hipoteca a 15 años, terminará pagando su hipoteca en 13 años y 5 meses.

Habrá pagado $95,931 en interés, lo cual significa sólo 25% de sus pagos fueron hacia el interés y 75% al principal.

Si elige no hacer pagos quincenales, terminaría pagando 2% más interés durante la vida del préstamo.

¿Cuánto ahorraría en interés si hiciera pagos quincenales en una hipoteca a 15 años en vez de 30 años?

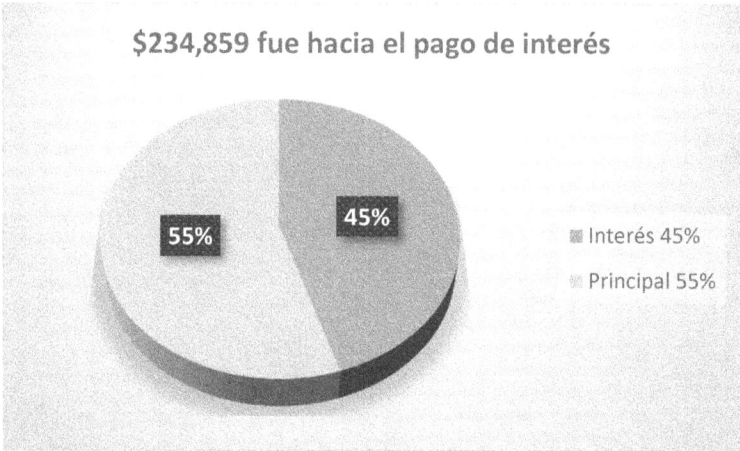

$234,859 fue hacia el pago de interés

45%

55%

■ Interés 45%

■ Principal 55%

Al pagar su hipoteca en 30 años, sin pagos quincenales, habrá pagado $234,859 en interés, lo que significa que 45% de sus pagos fueron hacia el interés y 55% hacia lo principal. Esto es 20% más que una hipoteca a 15 años con pagos quincenales.

45% - 25% = 20% más de interés pagado al finalizar la vida del préstamo cuando tiene una hipoteca a 30 años y no ha realizado pagos quincenales.

PUNTOS CLAVE PARA RECORDAR

1. Los pagos quincenales requieren que haga dos medios pagos cada dos semanas.

2. Hacer pagos quincenales resultará en un pago adicional al finalizar el año.

3. Si tiene una hipoteca a 15 años y realiza pagos quincenales, debería terminar de pagar su hipoteca en 13 años y 5 meses.

4. Los pagos principales son pagos que van hacia reducir su deuda de hipoteca o balance de préstamo. El interés es el costo de dinero que el banco le ha prestado para la compra de la casa.

CAPITULO 4

Cómo Anthony y Joan pagaron su hipoteca en 13 años haciendo pagos anuales adicionales de $3,000

"Un hombre en deuda es un hombre en cadenas."

James Lendall Basford

Anthony y Joan eran ambos agentes de bienes raíces y una pareja feliz, pero nunca pudieron acordar en qué era más importante para ellos. Joan quería obtener una hipoteca a 15 años y Anthony una a 30 años. Anthony quería mantener los pagos tan bajos como fuese posible por su ingreso fluctuante, que nunca era consistente porque se basaba en comisiones. Dijo que preferiría hacer pagos adicionales cada año y tener un pago mensual bajo. Joan estaba de acuerdo en hacer pagos adicionales, pero no quería pagar el interés de una hipoteca a 30 años. Luego de considerar la cantidad de interés que terminarían por pagar en una hipoteca a 30 años, Anthony decidió que la hipoteca a 15 años era una opción mucho mejor y no discutió más.

¿Cómo funcionó?

La hipoteca a 15 años de Anthony y Joan se veía así:

Compraron una casa por $300,000

Obtuvieron financiación en la forma de hipoteca de 95%: $285,000

Lo cual significa que hicieron un pago inicial del 5%, que es $15,000.

Los pagos mensuales de la hipoteca a 15 años con una tasa de 4.5% son $2,180, pero decidieron hacer un pago extra de $3,000 cada año para terminar de pagarla antes.

Calculando el cronograma de amortización

Consideremos el interés pagado a través de los años en una hipoteca a 15 años, ya que hacer pagos anuales adicionales puede tener un efecto muy positivo la pagar su deuda.

Ahora veremos el cronograma de amortización para este préstamo, que es básicamente cuánto de su deuda por hipoteca se pagó cada año.

Con su pago anual adicional de $3,000, la deuda total al final de cada año es aproximadamente:

Asumiendo que empiezan a pagar en abril.

Año 1: $268,384

Año 2: $251,004

Año 3: $232,826

Año 4: $213,813

Año 5: $193,926

Año 6: $173,126

Año 7: $151,370

Año 8: $125,615

Año 9: $104,814

Año 10: $79,920

Año 11: $53,882

Año 12: $26,649

Año 13: $0 **(la hipoteca ha sido pagada)**

Asumiendo que no haya penalidad de prepago por terminar de pagar la hipoteca antes de finalizar el término del préstamo.

¿Cuánto interés se pagó al hacer un pago adicional anual de $3,000?

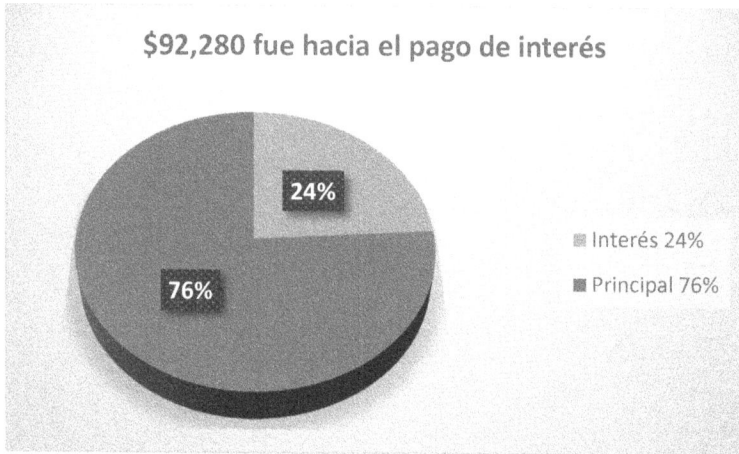

$92,280 fue hacia el pago de interés

Interés 24%
Principal 76%

Al pagar su hipoteca en 13 años, habrá pagado $92,280 en interés. Esto significa 24% de sus pagos fueron hacia el interés y 76% hacia lo principal. Si decidiera no hacer pagos adicionales anuales de $3,000, habría pagado 3% más de interés.

En una hipoteca a 15 años, usted paga 27% en interés durante el término del préstamo.

27% - 24% = 3%

Esta reducción en el interés resultó en el pago de su hipoteca en 13 años en vez de 15 años.

¿Cuánto ahorró en interés si lo compara con no hacer pagos adicionales anuales y con una hipoteca a 30 años en vez de 15 años?

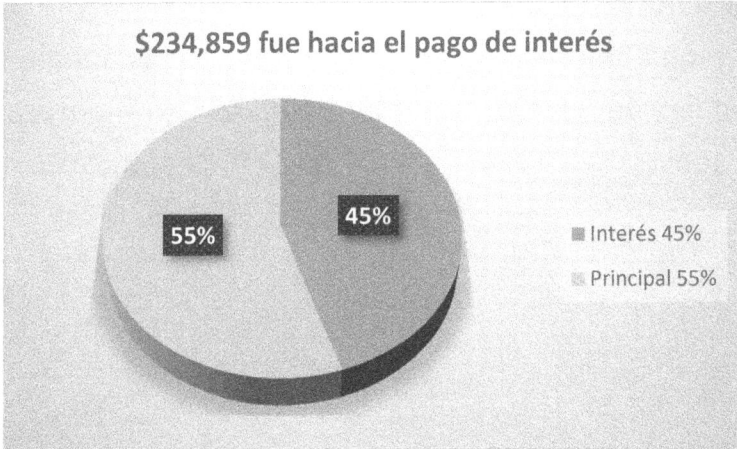

$234,859 fue hacia el pago de interés

55% 45%

Interés 45%
Principal 55%

Al pagar su hipoteca en 30 años y sin pagos adicionales, habrá pagado $234,859 en interés, lo que significa que 45% de sus pagos fue hacia el interés y 55% fue hacia lo principal. Recuerde: Los pagos principales son aquellos que van hacia la reducción de su deuda por hipoteca o balance de préstamo total.

Al hacer un pago anual adicional de $3,000 en una hipoteca a 15 años, habrá ahorrado 21% en pagos de interés durante la vida del préstamo

45% - 24% = 21% en ahorros

PUNTOS CLAVE PARA RECORDAR

1. Cuando hace pagos adicionales para saldar su deuda, siempre terminará pagándola antes.

2. Pagar su deuda antes de tiempo resulta en un interés menor durante el préstamo

3. Si tiene una hipoteca de 15 años y hace pagos anuales adicionales de $3,000, terminará pagando su hipoteca en 13 años.

CAPÍTULO 5

Cómo Vanesa y Adrián pagaron su hipoteca en 12 años haciendo pagos anuales adicionales de $5,000

"No hay nada tan corto como una deuda corta."

Evan Esar

Vanesa y Adrián eran dos grandes gastadores que querían cambiar sus vidas al eliminar los malos hábitos y comprar su casa. Adrián fumaba dos paquetes de cigarros por día y Vanesa amaba comer en restaurantes caros. Esto había afectado su salud y su vida amorosa. Tenían realmente buenas intenciones, pero no sabían cómo hacer el cambio. Era tiempo de hacer algunos sacrificios. Él dejó de fumar y ambos dejaron de comer afuera, para ahorrar lo suficiente para un pago inicial de una nueva casa. Después de un año, habían ahorrado suficiente y encontraron una casa cerca de donde rentaban. Vanesa y Adrián estaban tan orgullosos de ellos mismos por haberse comprometido con sus metas, que lo llevaron un paso más allá y decidieron que comprarían su casa con una hipoteca a 15 años y harían lo necesario para pagarla rápidamente. Acordaron hacer pagos adicionales de $5,000 cada año. Cualquiera fuera la cantidad que hubiesen ahorrado después de eso, la usarían para regalarse con una buena noche afuera o unas pequeñas vacaciones, dependiendo del monto.

Vanesa y Adrián eliminaron todos los gastos innecesarios, se enfocaron en ahorrar energía (reducir la factura de electricidad), contrataron un contador para ayudarlos a reducir sus impuestos, tuvieron una venta de garaje y vendieron todo lo que ya no utilizaban (es sorprendente cuánto puede acumular con el tiempo). Incluso pusieron todo el cambio que tenían cada día en una botella grande de agua que creció hasta $1,500 al finalizar el año. Con todos estos ahorros, terminaron con $6,000 o incluso más cada año. Lo que significa que lograron su objetivo de ahorrar $5,000 cada año y pudieron regalarse con unas vacaciones y restaurantes caros con el dinero extra.

¿Cómo funcionó para Vanesa y Adrián?

Su hipoteca a 15 años se veía así:

Ellos pagaron $300,000 por su nueva casa.

Financiaron 95% del valor de la casa, o sea: $285,000.

Dieron un pago inicial del 5%, lo que es $15,000.

Los pagos mensuales de la hipoteca con un interés de 4.5% eran de $2,180.

Ahora consideremos el interés pagado en una hipoteca a 15 años.

Con un cronograma de amortización, descubriremos cuánto pagaron de su hipoteca cada año. Con el pago adicional anual de $5,000, su préstamo total al final de cada año es aproximadamente:

Asumiendo que empiezan a pagar en abril.

Año 1: $266,384

Año 2: $246,912

Año 3: $226,546

Año 4: $205,244

Año 5: $182,964

Año 6: $159,660

Año 7: $135,286

Año 8: $107,792

Año 9: $83,126

Año 10: $55,236

Año 11: $26,064

Año 12: $0 **(la hipoteca ha sido pagada)**

Asumiendo no hay penalidad por pago anticipado de la hipoteca, antes de que el término del préstamo finalice.

¿Cuánto interés se pagó al finalizar el préstamo?

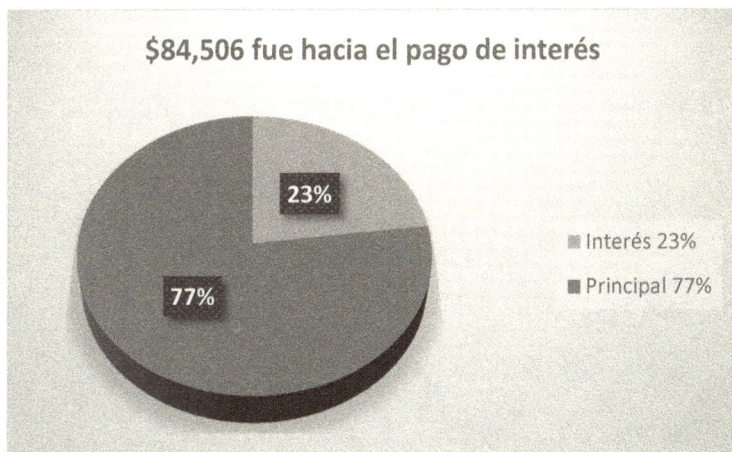

$84,506 fue hacia el pago de interés

23%

77%

■ Interés 23%

■ Principal 77%

Al pagar su hipoteca en 12 años, usted habrá pagado $84,506 en interés, lo que significa que solo 23% de sus pagos fueron hacia el interés y 77% hacia lo principal. Ahorró 4% en interés al hacer pagos anuales adicionales de $5,000 al finalizar la hipoteca.

$107,442 - $84,506 = $22,936

Ahorró $22,936 en pagos de interés sobre la vida del préstamo, lo cual puede utilizar para incrementar sus ahorros, empezar un negocio o invertir en algo que lo beneficie en el futuro.

¿Cuánto se ahorró en el pago de intereses al no obtener una hipoteca a 30 años?

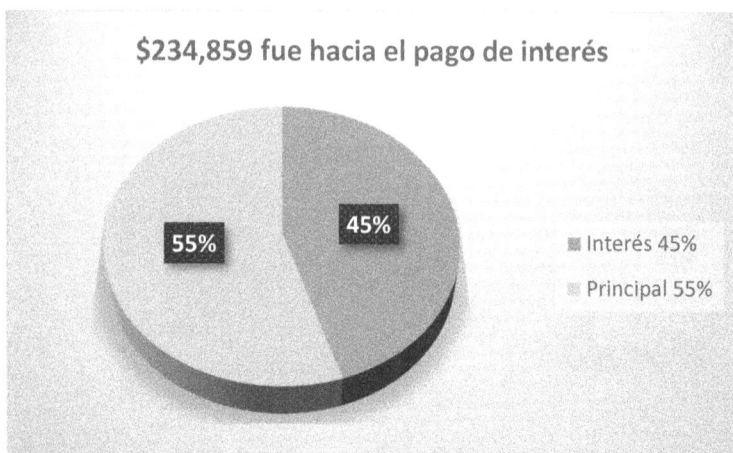

$234,859 fue hacia el pago de interés

45%

55%

Interés 45%

Principal 55%

Cuando obtiene una hipoteca a 30 años, usted paga **$234,859 en interés. Esto equivale a 45% de sus pagos**, mientras el 55% va hacia el pago principal.

Cuando tiene una hipoteca a 15 años, usted termina pagando $107,442 en interés durante la vida del préstamo. Si usted hace pagos anuales de $5,000, terminará pagando solo $84,506 en interés al finalizar el préstamo.

30 años contra 15 años

$234,859 - $107,442 = $127,417 en ahorros de interés cuando tiene una hipoteca a 15 años versus una a 30 años.

¿Qué haría con los $127,417 extra?

30 años contra 15 años (con pagos anuales adicionales de $5,000)

$234,859 - $84,506 = $150,353 en ahorros de interés cuando tiene una hipoteca a 15 años y hace pagos anuales adicionales de $5,000 contra una hipoteca a 30 años. Esto es aproximadamente 22% de ahorro en intereses.

¿Qué haría con $150,353 extra?

PUNTOS CLAVE PARA RECORDAR

1. Si hace pagos adicionales de $5,000 al finalizar cada año, terminará pagando su hipoteca en 12 años en vez de 15.

2. Hacer pagos anuales adicionales no reducirá sus pagos de hipoteca o tasa de interés, sólo le permitirá pagarla con anticipación.

3. Crear el hábito de hacer pagos adicionales cada año es muy importante para no saltear un año aquí y allá, y terminar pagando la hipoteca mucho después.

4. No todos pueden hacer pagos de hipotecas a 15 años y aún tener suficiente para realizar los pagos adicionales, pero si encuentra una forma de ahorrar en otras cosas y prioriza las expensas, encontrará la forma de hacerlo suceder.

5. Pagar su hipoteca en 12 años significa que tendrá más años para ahorrar para su retiro y más tiempo para hacer lo que ama.

CAPITULO 6

El método de Bill para pagar su hipoteca y todas sus deudas en 10 años y 6 pagos mensuales adicionales

"La deuda es hermosa sólo después de pagarla."

Russian Proverb

Bill vive en una casa linda. No es una casa lujosa, pero está bien ubicada y tiene un patio hermoso para cultivar hierbas y vegetales. Bill encontró una forma de refinanciar su casa y terminar con la deuda de su tarjeta de crédito. Se dio cuenta de que, si tenía suficiente equidad en su casa, podría eliminar sus pagos de tarjetas y reducir sus pagos mensuales totales: **La equidad es: Valor de tasación – deuda total luego de añadir la deuda de tarjetas o personal a la deuda de hipoteca y todos sus costos**. Al refinanciar su hipoteca e incluir todas sus deudas personales (incluyendo tarjetas de crédito) a la hipoteca, eliminaría pagos y ahorraría dinero. Si terminara de pagar su hipoteca, habría esencialmente terminado de pagar sus tarjetas también, o si vendiese la casa al valor de tasación o mayor, las tarjetas serían pagadas en conjunto.

Pagar su hipoteca y todas sus deudas en 10 años y 6 pagos mensuales adicionales (en este ejemplo estamos asumiendo que Bill refinancia a una hipoteca a 15 años), requerirá que haga pagos mensuales o anuales aplicando los ahorros de los pagos de las tarjetas de crédito.

Asumiendo que deba unos $30,000 en tarjetas de crédito y tenga un pago mensual de $750, puede elegir incluir su deuda en la hipoteca (si tiene suficiente equidad en su casa). En un sentido, está consolidando la deuda, pero a una tasa de interés mucho menor (bajo condiciones normales), y por un período de tiempo mayor, lo que significa que terminará de pagar todas sus deudas en un pago.

Al utilizar el dinero que ahorra al no tener que pagar su tarjeta de crédito cada mes, puede hacer un pago adicional principal a la hipoteca de $750. Los $750 que utilizaría para pagar cada mes la tarjeta de crédito están ahora siendo utilizados para pagar su hipoteca, lo que le permitirá terminar de pagarla mucho antes.

El paso a paso del proceso de Bill

Si Bill tuviese una hipoteca a 30 años por $285,000 y refinanciara para incluir las deudas de $30,000, luego de dos años de apreciación de propiedad y una deuda por hipoteca de $275,593, con un valor de tasación de

$350,000 (durante una economía no recesiva en la que el mercado inmobiliario no está en declive), tendría una hipoteca nueva de aproximadamente $306,000, asumiendo que refinancie el préstamo con un costo bajo, que muchos bancos ofrecen.

Originalmente, el pago mensual de la hipoteca a 30 años era de $1,444, y los pagos eran de $750, para un total de $2,194

Los pagos totales de las deudas de Bill eran la hipoteca más las tarjetas de crédito:

$1,444 + $750 = $2,194

Si refinanciara a una hipoteca a 30 años, sus pagos mensuales serían de $1,550. ¡Ahorraría $644 cada mes!

$2,194 - $1,550 = $644

Eso es excelente, pero aún tiene que realizar pagos por 30 años.

Al refinanciar a una hipoteca a 15 años con una tasa de interés de 4.5%, el nuevo pago mensual de la hipoteca de Bill es de $2,341, lo cual es mayor que la de 30 años, pero una decisión a largo plazo más inteligente.

Si compara lo que antes estaba pagando en hipoteca y tarjeta de crédito ($2,194) con lo que está pagando ahora

($2,341), verá que hay una diferencia de solo $147, lo que no es un incremento significativo, pero sí una gran diferencia en ahorros a lo largo del tiempo.

Al tomar la decisión de aplicar los ahorros de las tarjetas de crédito a la hipoteca cada mes ($750) o cada año ($9,000), habrá pagado su hipoteca en 10 años y 6 meses.

Bill sabía que pagar sus tarjetas de crédito podría tomar mucho más, y refinanciar a una tasa de interés razonable lo beneficiaría a lo largo de los años. Él estaba en lo cierto. Pagó su hipoteca y sus tarjetas en 10 años y 6 meses.

Aplicando el enfoque de Bill a su situación

Esta es una gran forma de enfocarse en el pago de las deudas, ya que podría esencialmente terminar de pagar su hipoteca y tarjetas de crédito en pocos años.

Considere las tasas de las tarjetas que van entre 12-24%, y su tasa de hipoteca de 4.5%. No hace falta pensarlo mucho, sabe que tiene sentido financiero. ¡Tome los pasos necesarios para hacerlo suceder!

OPCION 1: PAGAR SU HIPOTECA Y TARJETAS EN 15 AÑOS

Así es como su hipoteca a 15 años refinanciada se vería:

Digamos que compró una casa por $350,000 y ahora vale $382,500 luego de algunos años de aprecio.

Obtiene financiamiento en la forma de un préstamo de 80%, basado en el valor mostrado arriba de $382,500:

$382,500 x 80% = $306,000

O

$306,000/$382,500 = 80%

Los $306,000 incluirán su hipoteca y deuda de tarjeta de crédito, como también los costos de cierre.

Incluyó su deuda de tarjetas de $30,000, lo cual significa que ahora sólo tiene una hipoteca.

Sus pagos mensuales de hipoteca, con una tasa de interés de 4.5%, son ahora de $2,341.

Ahora veamos cómo su deuda se amortizará a lo largo del tiempo cuando usa los ahorros de la tarjeta de crédito para disminuir su deuda total ($750 x 12 = $9,000 total), para ver cuánto llevaría pagar la hipoteca. Los números aproximados son:

Asumiendo que empieza a pagar en abril.

Veamos el cronograma de amortización para ver cómo la hipoteca se pagó cada año.

Año 1: $282,380

Año 2: $257,676

Año 3: $231,836

Año 4: $204,809

Año 5: $176,541

Año 6: $146,974

Año 7: $116,049

Año 8: $83,703

Año 9: $49,871

Año 10: $14,485

Año 11 (6 pagos mensuales: **$0 (la hipoteca ha sido pagada).**

Asumiendo que no hay penalidad por pagar anticipadamente la hipoteca antes del término del préstamo.

¿Cuánto interés se pagó?

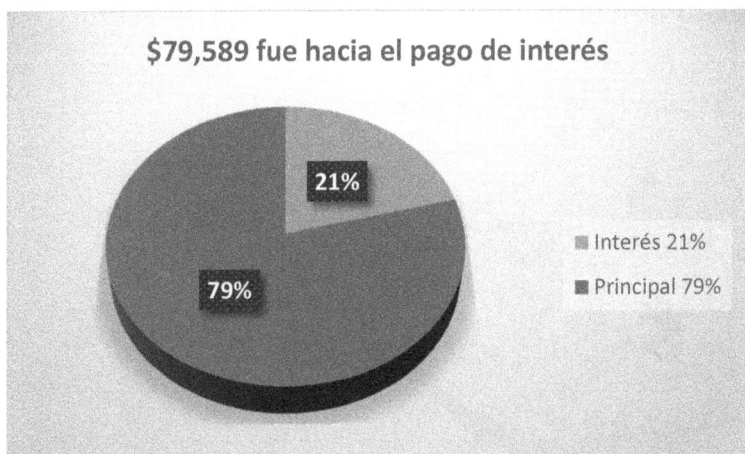

$79,589 fue hacia el pago de interés

21%

79%

▧ Interés 21%

■ Principal 79%

Al pagar su hipoteca en 10 años y 6 meses, habrá pagado tan solo $79,589 en interés, lo que significa solo 21% de sus pagos fueron hacia el interés y 79% hacia la deuda principal.

¿Cuánto ahorró en interés si lo compara con no hacer ningún pago adicional en una hipoteca a 15 años?

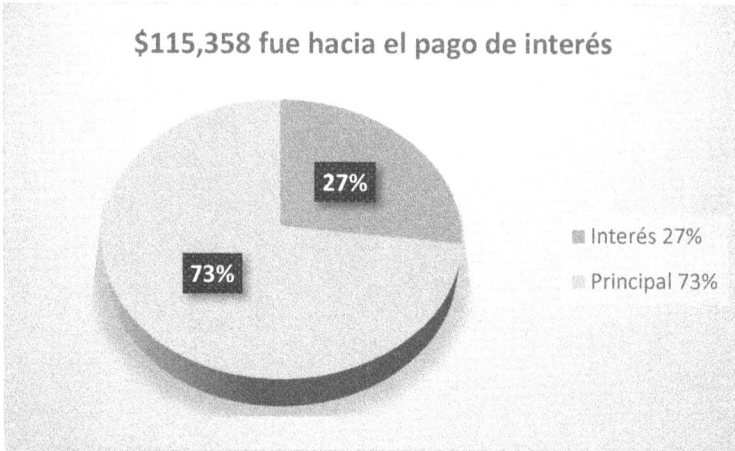

$115,358 fue hacia el pago de interés

27%

73%

■ Interés 27%

▨ Principal 73%

Al pagar su hipoteca en 15 años y **no hacer ningún pago adicional**, habrá pagado **$115,358 en interés, lo que significa que 27% de sus pagos fueron hacia el interés** y 73% hacia la deuda principal

Si hiciera un pago adicional anual de $9,000, habrá ahorrado $35,769 o 6% en interés durante la vida del préstamo.

OPCIÓN 2: PAGAR SU HIPOTECA Y TARJETAS EN 30 AÑOS

Así es como su hipoteca refinanciada a 30 años se vería:

Digamos que compró una casa a $350,000, que ahora vale $382,500.

Obtuvo financiamiento en la forma de 80% de hipoteca, basado en el valor mostrado arriba $382,500:

$382,500 x 80% = $306,000

O

$306,000/$382,500 = $306,000

Incluyó su deuda de tarjetas por $30,000, lo que significa que sólo tiene la hipoteca ahora.

Sus pagos de hipoteca mensuales con una tasa de interés serían de $1,550.

Ahora veamos cómo se amortizará su hipoteca a lo largo del tiempo cuando usa los ahorros de la tarjeta de crédito para hacer un pago anual adicional cada año ($750 x 12 = $9,000), para ver cuánto le tomaría pagar su hipoteca.

Las cifras aproximadas son:

Asumiendo que empieza a pagar en abril.

Año 1: $292,064

Año 2: $277,487

Año 3: $262,240

Año 4: $246,294

Año 5: $229,614

Año 6: $212,169

Año 7: $193,922

Año 8: $174,836

Año 9: $133,995

Año 10: $133,995

Año 11: $112,157

Año 12: $89,315

Año 13: $65,424

Año 14: $40,436

Año 15: $14,299

Año 16 (9 pagos mensuales): **$0 (la hipoteca ha sido pagada)**

¿Cuánto interés se pagó en una hipoteca a 30 años al hacer pagos adicionales anuales de $9,000?

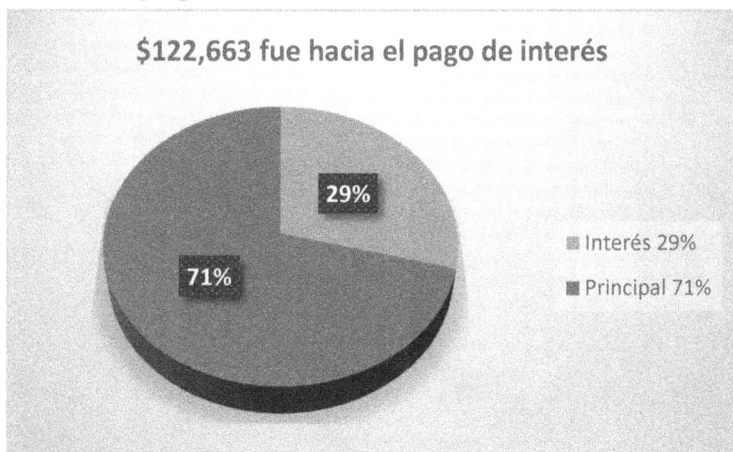

$122,663 fue hacia el pago de interés

29%

71%

■ Interés 29%

■ Principal 71%

Al pagar su hipoteca en 15 años y 9 meses, habrá pagado sólo $122,663 en interés, lo que significa que solo 29% de sus pagos fueron hacia el interés y 71% hacia la deuda principal.

Esto redujo enormemente la cantidad de interés que pagó a lo largo del tiempo y el tiempo total que le llevó pagar su hipoteca.

¿Cuánto ahorró en interés si lo compara con no hacer pagos anuales adicionales en una hipoteca a 30 años?

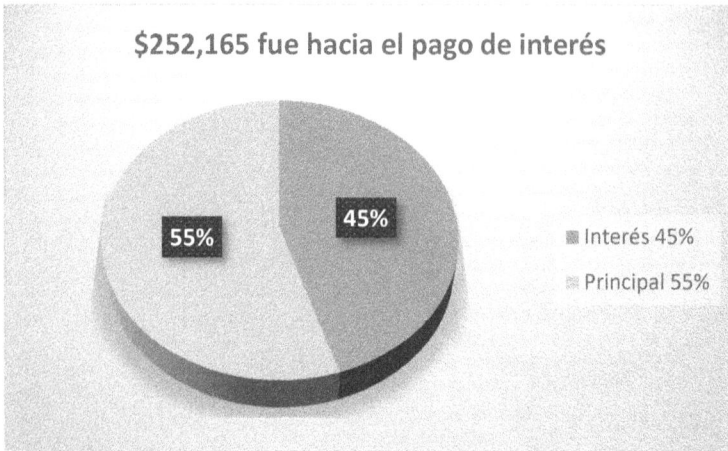

$252,165 fue hacia el pago de interés

45%

55%

Interés 45%

Principal 55%

Al pagar su hipoteca en 30 años y no hacer pagos anuales adicionales, habrá pagado $252,165 en interés, lo que significa que 45% de sus pagos fueron hacia el interés y 55% hacia la deuda principal.

Con esta opción, habría pagado $129,502 en interés adicional, si decidiera no hacer el pago anual de $9,000 a lo largo de la duración del préstamo.

PUNTOS CLAVE PARA RECORDAR

1. Pagar las deudas de tarjetas de crédito es importante para sus fines financieros a largo plazo.

2. Si tiene el dinero para pagar su tarjeta de crédito y aún tener ahorros, escoja eliminar la deuda de tarjeta de crédito inmediatamente.

3. Refinanciar podría afectar la tasa que tiene actualmente, pero a largo plazo debería beneficiarlo si está pagando una hipoteca y deuda de tarjeta de crédito al mismo tiempo.

4. Tener solo un pago de hipoteca en vez de pagos de hipoteca y tarjeta de crédito siempre es mejor.

5. Refinanciar a una hipoteca a 15 años puede tener sentido financiero si puede afrontar los pagos. Normalmente, las tasas de las hipotecas a 15 años son mucho menores que las de 30 años, lo que puede reducir los años que le tome pagarla, pero para simplificar hemos usado una tasa constante de 4.5%, que continuará fluctuando en el tiempo.

CAPITULO 7

Pagar su hipoteca usando ahorros de seguros

"Si no cambia la dirección, podría llegar a donde se dirige."

Lao Tzu

Si usted es dueño de una casa, debería tener seguro para la misma, y si tiene una hipoteca, el banco o prestamista le requerirá que tenga seguro. Por esta razón, comparar tasas y saber qué preguntar hará la diferencia. Un elemento importante de los pagos de seguro es el deducible. Pregunte a su banco cuál es el deducible máximo y luego pregunte a su agente de seguros cuál sería su pago basado en los deducibles más altos. Usualmente, usted ahorrará entre $500 y $3,500 o más, dependiendo en el valor de su casa, lo que puede utilizar para pagar su hipoteca anualmente. Simplemente, ponga el dinero que ahorra en una cuenta de ahorro aparte, y al final del año haga un pago extra hacia su hipoteca, para reducirla y terminar de pagarla antes.

Asumamos que ahorra $1,500 al incrementar sus deducibles y buscar un pago menor.

Otra forma de reducir los pagos de seguro es descubrir si su agente está usando el valor de mercado de su casa o el costo de reconstrucción luego de su destrucción. No deberían usar el valor de mercado, y le costará mucho más asegurarla así.

El monto puede variar entre cantidades muy grandes, por lo que para el ejemplo utilizaremos el primer descuento que mencionamos, que es tener un deducible más alto y puede resultar en un descuento significativo en pagos para determinar sus ahorros anuales. En este caso es de $1,500.

¿Cómo podría funcionar para usted?

Para una casa con un valor de $300,000 y una deuda por hipoteca de $285,000, su pago mensual en una hipoteca a 15 años con tasa de interés de 4.5% sería $2,180.

Con un pago adicional de $1,500 cada año, su hipoteca se eliminará en 14 años.

¿Qué tan bueno es esto? Estará pagando su hipoteca 1 año y 1 mes antes de tiempo, simplemente porque hizo algunos llamados y obtuvo un pago de seguro más bajo, y luego utilizó los ahorros para aplicarlos en la hipoteca. Ahora tiene 1 año y 1 mes que antes no tenía para empezar a disfrutar su vida sin pagos de hipoteca.

Ahora veamos el cronograma de amortización para ver cómo la deuda fue pagada cada año.

Asumiendo que empieza a pagar en abril.

Año 1: $269,884

Año 2: $254,073

Año 3: $237,536

Año 4: $220,239

Año 5: $202,148

Año 6: $183,225

Año 7: $163,433

Año 8: $142,732

Año 9: $121,080

Año 10: $98,433

Año 11: $74,746

Año 12: $49,971

Año 13: $24,057

Año 14: $0 **(su hipoteca ha sido pagada)**

Asumiendo que no haya penalización por pago adelantado de la hipoteca, antes del término del préstamo.

¿Cuánto interés se pagó?

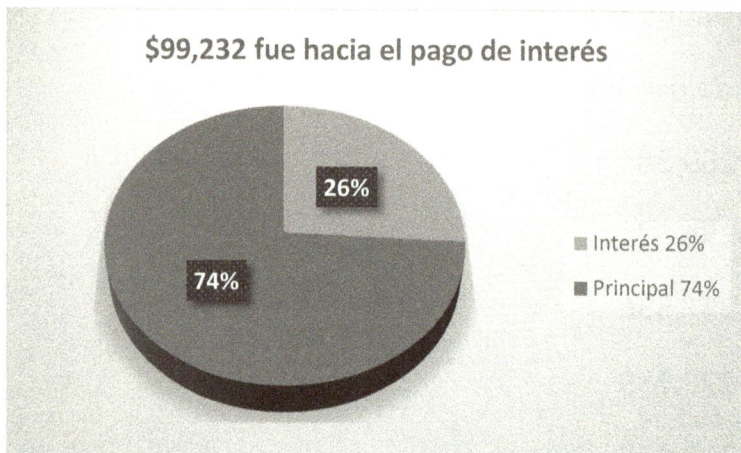

$99,232 fue hacia el pago de interés

26%

74%

■ Interés 26%

■ Principal 74%

Al pagar su hipoteca en 14 años, habrá pagado tan solo $99,232 en interés, lo que significa que solo 26% de sus pagos fueron hacia el interés y 74% hacia la deuda principal.

Se ahorró 1 año de pagar intereses al hacer algunos llamados y darse cuenta de qué lo beneficiaría más. Vale la pena. Coja el teléfono o vea a su agente de seguros. Es posible que haya incluso más descuentos para los que califica.

¿Cuánto ahorró en pagos de interés al comparar una hipoteca a 30 años con una a 15 años en la que hizo pagos anuales adicionales?

$252,165 fue hacia el pago de interés

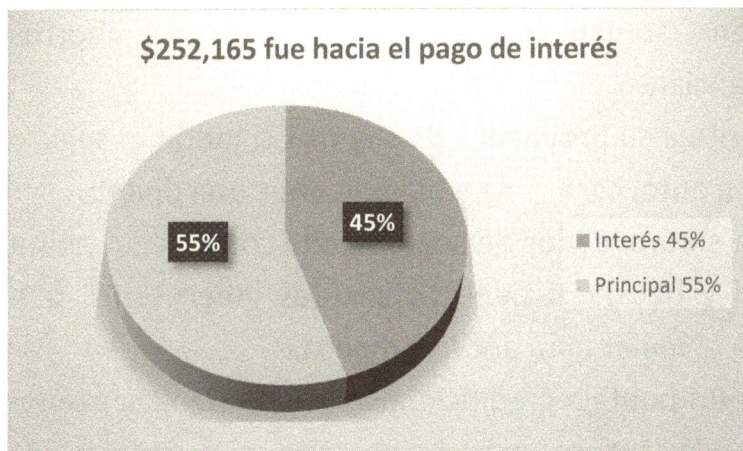

- Interés 45%
- Principal 55%

Si tuviera una hipoteca a 30 años y la pagara al finalizar los 30 años, sin pagos adicionales, habrá pagado **$252,165 en interés durante la vida del préstamo. Esto significa que 45% de sus pagos fueron hacia el interés** y 55% hacia la deuda principal.

Comparémoslo con una hipoteca a 15 años con pagos anuales adicionales de $1,500

$252,165 - $99,232 = $152,933 es lo que ahorró en pagos de interés al tener una hipoteca a 15 años y hacer pagos anuales adicionales de $1,500.

PUNTOS CLAVE PARA RECORDAR

1. Buscar pagos de seguro más bajos es importante. Asegúrese de preguntar qué descuentos ofrecen ya que pueden sumar rápidamente y darle ahorros substanciales.

2. Pregunte a su proveedor de seguros si juntar el seguro para su auto, casa, vida y otros le ahorraría dinero.

3. Pida a su proveedor de seguros una copia de su póliza actual y decida si tiene coberturas innecesarias que pueda eliminar para ahorrar dinero.

4. Tener un puntaje crediticio algo puede significar tener pagos de seguro más bajos, asique asegúrese de trabajar en mejorar su puntaje al saldar sus deudas y pagar a tiempo.

5. A veces, las compañías de seguros ofrecen descuentos cuando paga su seguro anualmente en vez de hacer pagos mensuales. Esta es una forma simple de reducir sus pagos.

CAPITULO 8

Pagar su hipoteca usando ahorros de impuestos a la propiedad

"¿Qué puede ser agregado a la felicidad de un hombre que tiene salud, sin deuda, y tiene una conciencia limpia?"

Adam Smith

Los impuestos a la propiedad están determinados por su jurisdicción local. Usualmente garantiza excepciones a las que podría calificar bajo ciertas circunstancias, como: exención de vivienda familiar, exención por edad, exención para veteranos, etc. Cuando paga anticipadamente (en algunas jurisdicciones), también puede obtener ahorros extras. Estos pueden variar dependiendo del valor de su casa y el tipo de exención. Esta es una forma de reducir los impuestos.

Otra forma de reducir impuestos es disputar el valor de impuesto asignado a través de un proceso específico para su área (si siente que el valor es incorrecto). Es siempre mejor consultar con un abogado de bienes raíces que se especialice en este proceso, ya que le podría ahorrar una cantidad considerable en impuestos y cobrarle un porcentaje de ese ahorro.

Una tercera forma de reducir sus impuestos inmobiliarios es si su jurisdicción tiene información incorrecta respecto a su casa como: metros cuadrados, acres, características de la propiedad, etc.

Por ejemplo, asumamos que ahorra $2,000 al disputar el valor del impuesto y aplicar una exención específica, particular a su situación. Esta cantidad puede ser más alta o baja dependiendo del valor de su casa, pero utilizaremos $2,000 para el ejemplo.

¿Cómo pueden estos ahorros funcionar para usted?

Para una casa valuada en $300,000 y una hipoteca de $285,000, sus pagos mensuales serían de $2,180 a 15 años con una tasa de interés de 4.5%.

Si aplica los $2,000 utilizados en los impuestos a la propiedad a la hipoteca como un pago anual adicional, su hipoteca se eliminará en 13 años y 7 meses.

Ahora consideremos cómo lo beneficia esto. Está pagando su hipoteca 1 año y 5 meses antes, simplemente porque investigó e hizo algunos llamados, y aplicó los ahorros a la hipoteca.

Usando un cronograma de amortización, podemos descifrar cuánto de su hipoteca se pagó cada año.

Asumiendo que empieza a pagar en abril.

Año 1: $269,384

Año 2: $253,050

Año 3: $235,966

Año 4: $218,097

Año 5: $199,407

Año 6: $179,859

Año 7: $159,412

Año 8: $138,026

Año 9: $115,658

Año 10: $92,262

Año 11: $67,791

Año 12: $42,197

Año 13: $15,426

Año 14 (7 pagos mensuales): $0 **(la hipoteca ha sido pagada**

Asumiendo que no haya penalidad por pago anticipado de la hipoteca antes del término del préstamo.

¿Cuánto interés se pagó?

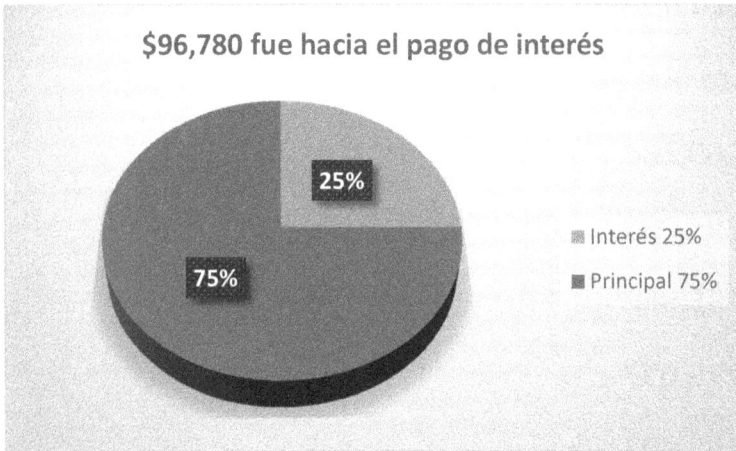

$96,780 fue hacia el pago de interés

25%

75%

Interés 25%

Principal 75%

Al hacer pagos anuales adicionales de $2,000 en una hipoteca a 15 años, será capaz de pagarla en 13 años y 7 meses. Esto significa que habrá pagado tan solo $96,780 en interés durante el préstamo. Solo 25% de sus pagos fueron hacia el interés.

¿Cuánto ahorró en interés al hacer pagos anuales adicionales de $2,000 en una hipoteca a 15 años versus una a 30 años?

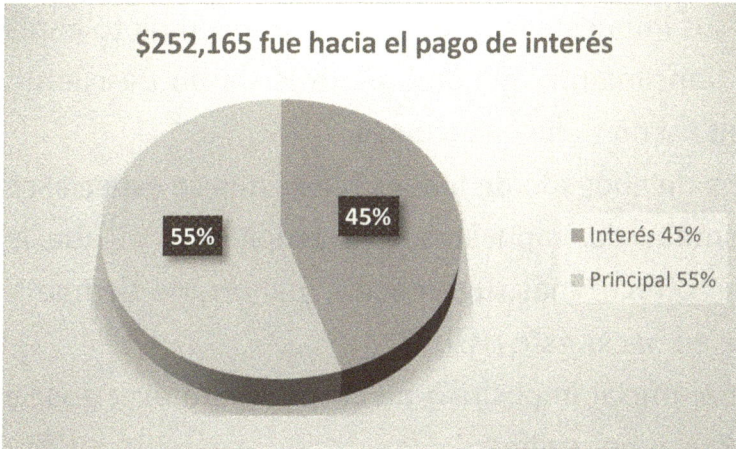

$252,165 fue hacia el pago de interés

55% 45%

■ Interés 45%
■ Principal 55%

Al pagar su hipoteca en 30 años, habrá pagado **$252,165 en interés. Ya que sólo pagó $96,780 en la hipoteca a 15 años, usted ahorró $155,385.**

En una hipoteca a 30 años, 45% de sus pagos van hacia el interés, y en una hipoteca a 15 años, solo 25% va hacia el interés, lo que significa que ahorró 20% durante la vida del préstamo. ¡Buen trabajo!

Hay tantas cosas que podría hacer con los $155,385 que ahorró en interés.

Llame a un abogado en bienes raíces y vea cuánto podría ahorrar en impuestos a la propiedad.

PUNTOS CLAVES PARA RECORDAR

1. Siempre verifique el sitio web de su país o jurisdicción impositiva para ver qué exenciones ofrecen.

2. Pagar sus impuestos a la propiedad por completo antes de su vencimiento, generalmente le da un descuento muy alto si no tiene exenciones.

3. Llame a un abogado de bienes raíces que se especialice en disputas de impuestos a la propiedad, ya que le pueden ofrecer más sugerencias, y ahorrarle tiempo si planea en hacer este paso.

4. Llame al oficial impositivo de su país para averiguar a qué exenciones califica.

CAPITULO 9

Pagar su hipoteca en 9 años y 9 meses usando el método de ahorros combinados

"La deuda es su amiga en tiempos de abundancia, y su enemiga en tiempos de escasez."

Desconocido

Luego de leer los capítulos anteriores, ahora sabe que hay grandes opciones disponibles para crear un plan de ahorros de hipoteca. Estas opciones le permitirán pagar su hipoteca anticipadamente. Pagar una hipoteca por 30 años debería ser lo último que hace si tiene otras alternativas. Planifique pagar menos en deudas y ahorrar más para el futuro. Tener una hipoteca a 15 años en vez de una a 30 años le permite pagar su deuda mucho antes.

Reveamos las áreas en sus finanzas de las que podría estar beneficiándose, y prepara un escenario posible de lo que podría estar haciendo.

Método de ahorros combinados

Asumiendo que su nuevo monto de hipoteca luego de refinanciar e incluir las deudas por tarjetas sea de $306,000 y tenga una hipoteca a 15 años con tasa de interés de 4.5%:

Sus pagos quincenales de hipoteca serían de $1,170.

Ahorros de impuestos: $2,000

Ahorros de seguros: $1,500

Pagos anuales adicionales por ahorros y reducción de gastos: $5,000

Ahorros de tarjetas: $750

Pagos quincenales que resultan en un pago adicional anual de: $2,341

Ahorros totales que serán agregados en la forma de pago anual adicional: $9,250

Incluyendo el adicional anual del pago quincenal, el total de ahorro anual sería de $11,591.

¿Cómo podría funcionar para usted?

Con un pago principal adicional de $11,591 (incluyendo los ahorros totales y el pago quincenal adicional) que ha ahorrado, su hipoteca se eliminaría en 9 años y 9 meses.

Esto es algo grande. Estará muy orgulloso de sí mismo por estar en el porcentaje más alto de dueños que terminan de pagar su hipoteca antes que el resto. Usted está terminando de pagar su hipoteca 20 años y 3 meses antes, simplemente porque encontró una forma de ahorrar y redujo las expensas, y luego aplicó esos ahorros a la hipoteca.

Veamos el cronograma de amortización para ver cómo se pagó la deuda por hipoteca cada año.

Asumiendo que empieza a pagar en abril.

Año 1: $279,789

Año 2: $252,375

Año 3: $223,700

Año 4: $193,709

Año 5: $162,340

Año 6: $129,529

Año 7: $95,212

Año 8: $59,317

Año 9: $21,774

Año 10 (9 pagos mensuales): $0 **(la hipoteca ha sido pagada)**

Asumiendo que no haya penalidad por pago anticipado de la hipoteca, antes del término del préstamo.

¿Cuánto interés se pagó usando el método de ahorros combinados?

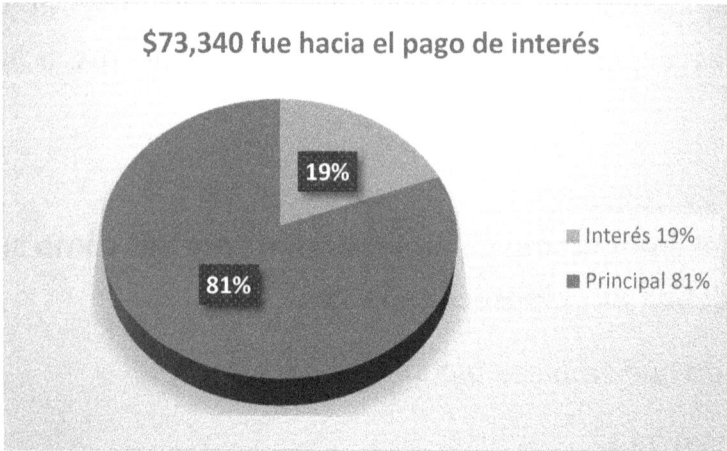

$73,340 fue hacia el pago de interés

19%

81%

Interés 19%
Principal 81%

Usted habrá pagado solo $73,340 en interés al pagar su hipoteca en 9 años y 9 meses, lo que significa que solo 19% de sus pagos fueron hacia el interés y 81% hacia la deuda principal. Estos son ahorros substanciales al comparar esta opción con pagar simplemente en 30 años o 15 años sin pagos adicionales.

¿Cuánto dinero ahorró en interés si compara el método de ahorros combinados con una hipoteca a 15 años o 30 años?

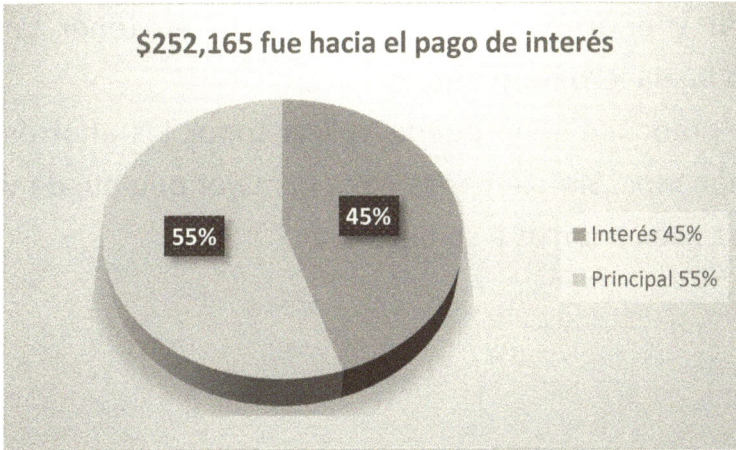

$252,165 fue hacia el pago de interés

55% | 45%

■ Interés 45%
■ Principal 55%

Al pagar su hipoteca en 30 años y no hacer pagos anuales adicionales, habrá pagado $252,165 en interés, comparado con los $73,340 al utilizar el método de ahorros combinados. Esto significa que se ahorraría $178,825 en interés durante el término del préstamo. Esto hará una diferencia grande al pagar su hipoteca. En una hipoteca a 30 años, 45% de sus pagos van hacia el interés, pero en el método de ahorros combinados, solo 19% de sus pagos irá hacia el interés. Eso es un ahorro del 26%.

$252,165 - $73,340 = $178,825 en ahorro de interés.

PUNTOS CLAVE A RECORDAR

1. Para obtener el ahorro máximo en interés, tendrá que combinar todos los métodos de ahorro.
2. Ahorrar y priorizar sus gastos resultará en tener un futuro financiero redondo.
3. No se preocupe si no puede aplicar todos los ahorros mencionados. Simplemente haga lo mejor que pueda y aplique esos ahorros a su hipoteca.

CAPITULO 10

Pagar su hipoteca en 8 años usando el método de ahorros combinado y un ingreso por renta de $500 por mes

"Esté seguro de que duele más en la mente estar en deuda, que prescindir de cualquier artículo que podamos parecer querer"

Thomas Jefferson

Una gran alternativa para incrementar la cantidad de dinero que puede aplicar hacia sus pagos de hipoteca, es rentar un espacio en su casa. Si tiene una casa de invitados, una habitación extra, un lugar eficiente u otro espacio legítimo para vivir en su casa, puede rentarlo para obtener dinero extra.

Dependiendo del área donde viva y cuál es el valor de la renta, podría obtener una cantidad de dinero decente, lo que reduciría en gran medida su deuda por hipoteca si se aplica el ingreso hacia pagos mensuales o anuales adicionales. A lo largo de los años empezará a ver los efectos positivos que esto puede tener en reducir la deuda. Una vez que termine de pagar su hipoteca, puede dejar de rentar o continuar recibiendo estos pagos extras. Los estudiantes universitarios con una gran opción como inquilinos, ya que pasan la mayoría del día en la universidad y luego tienen que estudiar el resto del tiempo. Solo asegúrese de limitar las visitas que traen, ya que podrían ser responsables, pero no sus amigos.

Con las aplicaciones de teléfonos y sitios web que han salido en los últimos años, encontrar inquilinos a corto y largo plazo nunca ha sido más simple. Algunos ejemplos de estos sitios web son: Airbnb, tripping.com, flipkey, homeaway, vrbo, housetrip, etc. Estas no son las únicas fuentes en línea para encontrar inquilinos, y son sólo ejemplos de dónde podría ofrecer espacio para rentar rápidamente.

¿Cómo podría funcionar para usted?

Al usar los ahorros del capítulo anterior y añadir un ingreso por renta, tenemos este escenario de pago de renta:

Ingreso por renta mensual: $500

Ahorros de impuestos: $2,000

Ahorros de seguros: $1,500

Pagos anuales adicionales por ahorro y reducción de costos: $5,000

Ahorros de tarjeta de Crédito: $750

Pagos quincenales que resultan en un pago anual adicional: $2,341

Ahorros totales que serán sumados como un pago anual: $9,250

Incluyendo el ahorro por pagos quincenales de $2,341, el pago anual adicional sería de $11,591 más $6,000, que da un total de $17,591 (recuerde: tiene $500 por mes de renta que puede aplicar mensual o anualmente a la hipoteca. El pago mensual sería mejor para resistir la tentación de usar el dinero en algo más).

Esto podría sonar como una cantidad muy grande, pero al dividirla mensualmente, solo le da $1,466 que estaría aplicando hacia el pago de la hipoteca, lo cual es mayoritariamente reducción de costos e ingreso por renta.

Su hipoteca se vería básicamente así:

Tendría pagos quincenales de $1,171 en una hipoteca a 15 años con una tasa de interés de 4.5%.

Su préstamo de hipoteca nuevo al refinanciar e incluir la deuda por tarjeta de crédito sería: $306,000

Veamos el cronograma de amortización para ver cómo se pagó la deuda por hipoteca cada año.

Asumiendo que empieza a pagar en abril.

Año 1: $273,664

Año 2: $239,843

Año 3: $204,467

Año 4: $167,467

Año 5: $128,767

Año 6: $88,289

Año 7: $45,951

Año 8: $1,669 **(1 pago mensual. La hipoteca ha sido pagada)**

Asumiendo que no haya una penalidad por pago anticipado de la hipoteca, antes del término del préstamo.

¿Cuánto interés se pagó usando el método de ahorros combinados y $500 en ingreso adicional por renta?

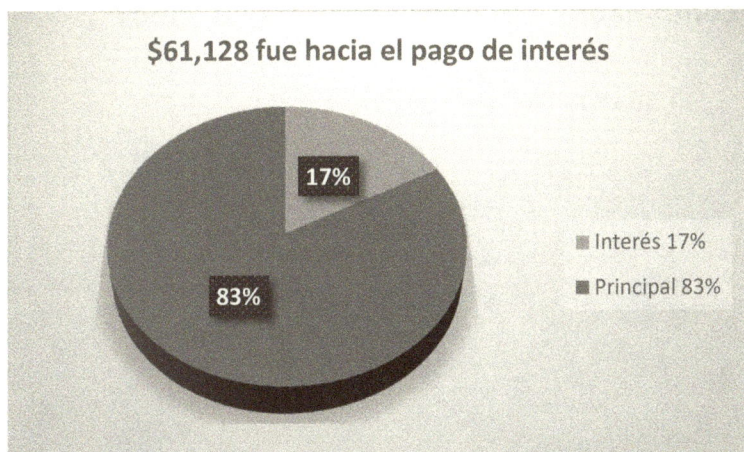

$61,128 fue hacia el pago de interés

17%

83%

■ Interés 17%
■ Principal 83%

Al usar el método de ahorros combinado e incluir un ingreso por renta de $500 por mes, usted terminará de pagar su hipoteca en 8 años y 1 pago de $1,669.

En total, habrá pagado $61,128 en interés, lo que significa que solo 17% de sus pagos fueron hacia el interés y 83% hacia la deuda principal.

¿Cuánto dinero ahorró en interés si compara una hipoteca a 30 años con una a 15 que usa el método de ahorros combinados e ingreso por renta de $500?

$252,165 fue hacia el pago de interés

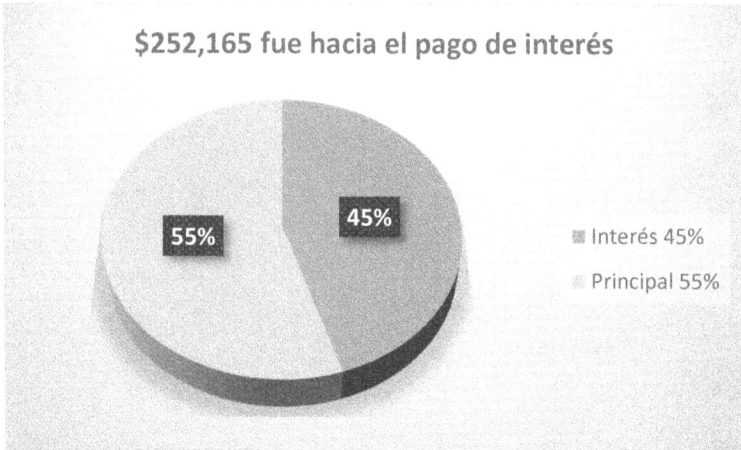

Si termina de pagar su hipoteca en 30 años, habrá pagado $252,165 en interés. En una hipoteca a 15 años, usando el método de ahorros combinados y un ingreso por renta de $500, habrá pagado $61,128. ¡Se ahorraría $191,037 en interés!

$252,165 - $61,128 = $191,037

PUNTOS CLAVE PARA RECORDAR

1. A veces, un ingreso por renta pequeño puede tener un resultado significativo en la rapidez que paga su hipoteca.

2. Un ingreso de $500 en renta resulta en $6,000 de pago adicional anual de la hipoteca.

3. Pagar su hipoteca antes siempre resultará en el ahorro de cantidades enormes de interés a lo largo de los años.

4. Asegúrese de aplicar el ingreso por renta hacia la hipoteca, ya que podría estar tentado a usarlo en algo más.

CAPITULO 11

Pagar su hipoteca en 7 años y 7 meses usando el método de ahorro combinado y un ingreso por rentas de $750 por mes

"Deja que cada hombre, cada empresa, y especialmente deja que cada pueblo, aldea y ciudad, e incluso condado y estado, salgan de la deuda y se mantengan fuera de deuda. Es el deudor el arruinado en tiempos difíciles."

Rutherford B. Hayes

¿Quién hubiera pensado que podría reducir tanta deuda en tan poco tiempo? Pues ahora tiene el conocimiento para hacerlo, pero solo si ha tomado los pasos necesarios para hacerlo suceder. Recolectar renta por una habitación o espacio en su casa es una gran forma de tener un ingreso extra que pueda usar para pagar su hipoteca.

Vayamos un paso más adelante

Si incrementa su ingreso por rentas a $750, verá mejores beneficios a largo plazo. Cuando renta una habitación o espacio en su casa, siempre recuerde las formalidades básicas que no deberían ser omitidas. Cuando rente recuerde:

- Siempre utilizar un contrato de arrendamiento.
- Pedir 1 mes de depósito en caso de alguna circunstancia.
- Nunca olvide hacer una comprobación de antecedentes en todos los inquilinos.
- Provea un ambiente limpio y seguro para vivir.
- Cobre el cheque antes de permitir que el inquilino se mude.
- Establezca reglas de conducta y cualquier otra que crea importante antes de mudarse.

Estas son algunas cosas que pueden ser muy útiles para recordar, y le podrían ahorrar muchos problemas. La mayoría de los inquilinos son geniales, pero siempre es mejor pasar por las formalidades mencionadas anteriormente en caso de tener un inquilino que no cumpla su trato. Para consejo específico y al completar el contrato de arrendamiento, contacte a un abogado de bienes raíces, ya que este le dará la información que necesita para hacer las cosas bien y prevenir cualquier problema en el futuro.

¿Cómo puede funcionar para usted?

Usando los números del capítulo anterior pero ahora con una renta de $750 tenemos:

Ingreso por renta: $750

Ahorro en impuestos: $2,000

Ahorro en seguros: $1,500

Pagos anuales adicionales producto de ahorros y reducción de gastos: $5,000

Ahorros de tarjetas de crédito: $750

Pagos quincenales, resultando en un pago anual adicional: $2,341

Ahorros totales que serán agregados en la forma de un pago anual: $9,250

Incluyendo el ahorro por los pagos quincenales de $2,341, el total anual es de $11,591 más $9,000, que nos da un total de $20,591 (recuerde: tiene $750 por mes de ingreso por renta, lo que puede ser aplicado mensual o anualmente. Los pagos mensuales son mejores para prevenir gastar el dinero en otra cosa).

El total sería de $20,591. Esto podría sonar como una gran cantidad, pero cuando la divide en meses, solo sería $1,716, lo cual es mayoritariamente de la reducción de costos y el ingreso por renta.

Su hipoteca se vería básicamente así:

Usted haría pagos quincenales de $1,171 en una hipoteca a 15 años con una tasa de interés de 4.5%.

Su nuevo préstamo de hipoteca luego de refinanciar e incluir la deuda por tarjetas de crédito sería $306,000.

Ahora veamos el cronograma de amortización para ver cómo se pagó la deuda cada año.

Asumiendo que empieza a pagar en abril.

Año 1: $270,601

Año 2: $233,577

Año 3: $194,851

Año 4: $154,346

Año 5: $111,981

Año 6: $67,669

Año 7: $21,321

Año 8 (7 pagos mensuales más $6,14): $0 **(la hipoteca ha sido pagada)**

Asumiendo que no haya penalidad por pago anticipado de la hipoteca, antes del término del préstamo.

¿Cuánto interés se pagó?

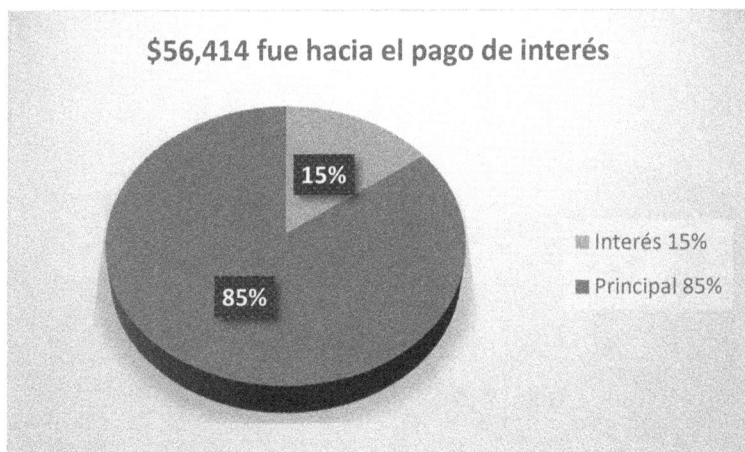

$56,414 fue hacia el pago de interés

15%

85%

Interés 15%

Principal 85%

Al pagar su hipoteca en 7 años y 7 meses, habrá pagado tan solo $56,414 en interés.

Esto significa que solo 15% de sus pagos fueron hacia el interés y 85% hacia la deuda principal. Esta es una gran diferencia al compararla con una hipoteca a 30 años.

¿Cuánto dinero fue ahorrado en interés al comparar esto con un ingreso de $500 en renta?

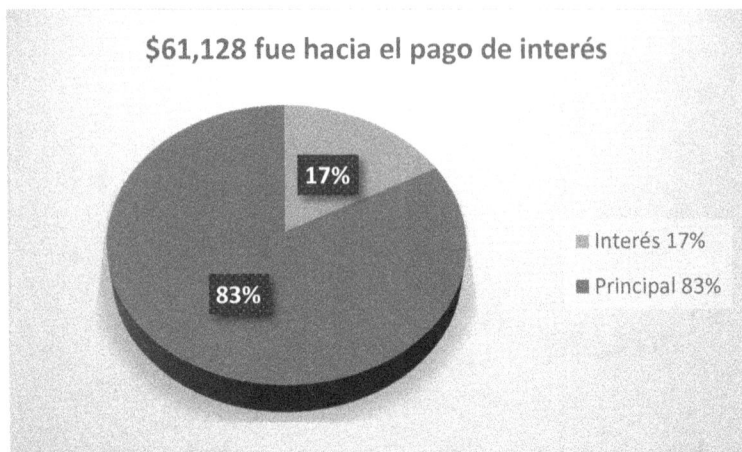

$61,128 fue hacia el pago de interés

17%

83%

Interés 17%

Principal 83%

Tener $750 en vez de $500 en ingreso por rentas significa un ahorro de $4,237 en interés.

$61,128 - $56,414 = $4,714

A pesar de que esta es una diferencia de tan solo 2% en ahorros, aun así, redujo la cantidad de tiempo que le llevó pagar su hipoteca.

¿Cuánto dinero ahorró en interés si compara esto con no hacer ningún pago anual adicional y si tuviera una hipoteca a 30 años en vez de 15?

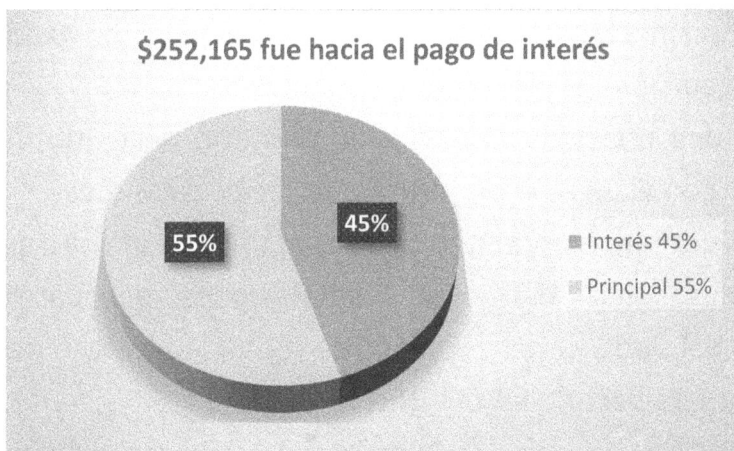

$252,165 fue hacia el pago de interés

55% 45%

■ Interés 45%
■ Principal 55%

Sus pagos de interés totales en la vida de una hipoteca a 30 años son de $252,165. Si sólo pagó $56,414 en interés en una hipoteca a 15 años usando el método de ahorros combinados y un ingreso por renta de $750, habrá ahorrado $195,751.

PUNTOS CLAVE PARA RECORDAR

1. No tiene que rentar espacio en su casa si no se siente cómodo haciéndolo o si prefiere más privacidad.

2. Tener un ingreso por renta de $750 resulta en $9,000 de pagos adicionales de hipoteca por año.

3. Haga una prioridad el pagar su hipoteca, haciendo lo mejor con el ingreso por renta que recibe cada mes.

4. Al considerar comprar una casa, asegúrese de encontrar una que tenga al menos 2 habitaciones, o espacio adicional que sea potencialmente rentable, en caso de que quiera hacerlo en el futuro.

5. Si pierde su empleo o empieza a tener problemas financieros, siempre es bueno tener más habitaciones o espacios para rentar.

CAPITULO 12

Pagar su hipoteca en 6 años y 8 meses usando el método de ahorros combinados y un ingreso por renta de $1,200 por mes

"Solo gaste después de haber ahorrado."

Desconocido

Los beneficios de poder rentar un espacio en su casa son muchos, pero el beneficio principal es la habilidad de hacer pagos adicionales a su hipoteca. Esto le permite terminar de pagarla mucho antes y ahorrar substancialmente en interés. Cuando incrementa sus pagos adicionales en $1,200 o más por mes, usted pagará su hipoteca a una velocidad acelerada. Esto creará un efecto de bola de nieve que crecerá con el tiempo. La clave es encontrar inquilinos buenos que puedan realizar estos pagos.

Al buscar inquilinos, puede utilizar un número de métodos que le ayudarán a encontrar buenos inquilinos en poco tiempo.

Algunas formas de encontrar inquilinos buenos y pagadores son:

- Carteles en el frente. Este es mi favorito para personas que están interesadas en rentar y están en el área ya.
- Zillow.com es un gran lugar para encontrar inquilinos de gran calidad.
- Craiglist.com es otro lugar para obtener un gran volumen de inquilinos, pero no siempre serán de gran calidad.
- Trulia.com y rent.com son también grandes opciones en línea.
- Los avisos en periódicos. Esta forma anticuada no se usa tan comúnmente, pero es una opción.

Para rentas a corto y largo plazo, también puede usar:

- Airbnb.com se ha vuelto muy popular y es fácil de usar.
- Vrbo.com es otra fuente en línea para encontrar inquilinos.

Si quiere usar las redes sociales para encontrar inquilinos, siempre puede publicar un aviso o simplemente hacer saber a otros lo que está buscando:

- Facebook.com
- Twitter.com
- Instagram.com
- Youtube.com

¿Cómo podría funcionar para usted?

Usando los números del capítulo anterior, pero agregando un ingreso por renta de $1,200 tenemos:

Ingreso por rentas: $1,200

Ahorro en impuestos: $2,000

Ahorro en seguros: $1,500

Pagos anuales adicionales por reducción de gastos y ahorros: $5,000

Ahorros de tarjeta de crédito: $750

Pagos quincenales, resultando en un pago anual adicional: $2,341

Ahorros totales que serán agregados en la forma de un pago anual adicional: $9,250

Incluyendo el ahorro por pago quincenal de $2,341, el pago anual adicional será de $11,591, más $14,400 ($1,200 por mes por ingreso de rentas, que puede ser aplicado mensual o anualmente. Los pagos mensuales son siempre una mejor opción para prevenir gastar el dinero en otra cosa). El total sería $11,591 + $14,400 = $25,991

Cuando divide esta cantidad en pagos mensuales, sería solo $2,166, lo cual es mayoritariamente por reducción de costos e ingreso por rentas.

Su hipoteca se vería básicamente así:

Haría pagos quincenales de $1,171 en una hipoteca a 15 años con una tasa de interés de 4.5%.

Su nuevo préstamo de hipoteca al refinanciar e incluir las deudas por tarjetas de crédito sería de $306,000.

Veamos el cronograma de amortización para ver cómo se pagó la hipoteca cada año.

Asumiendo que empieza a pagar en abril.

Año 1: $265,089

Año 2: $222,298

Año 3: $177,541

Año 4: $130,728

Año 5: $81,765

Año 6: $30,552

Año 7 (8 pagos mensuales): $0 **(la hipoteca ha sido pagada)**

Asumiendo que no haya penalidad por pago anticipado de la hipoteca, antes del término del préstamo.

¿Cuánto interés se pagó?

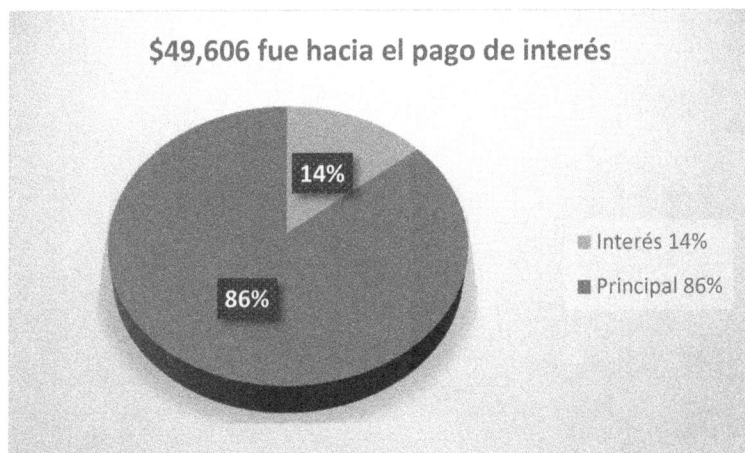

$49,606 fue hacia el pago de interés

14%

86%

Interés 14%

Principal 86%

Al pagar su hipoteca en 6 años y 8 meses, usted habrá pagado tan solo $49,606 en interés, lo que significa que solo 14% de sus pagos fueron hacia el interés y 86% hacia la deuda principal.

¿Cuánto dinero se ahorró en interés al compararlo con un ingreso por rentas de $750?

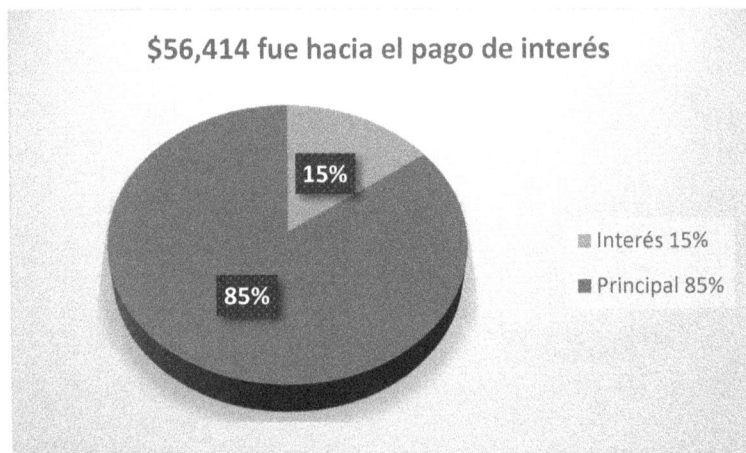

$56,414 fue hacia el pago de interés

15%
85%

Interés 15%
Principal 85%

Si tiene un ingreso por renta de $750, pagará $56,414 en interés, versus un ingreso de $1,200 en el que pagaría solo $49,606 en interés. Esta es una diferencia de $6,808 a lo largo del préstamo. Ahorraría $6,808 al tener un ingreso por renta de $1,200 en vez de $750.

¿Cuánto dinero se ahorró en interés al comparar con un ingreso de $500 por rentas?

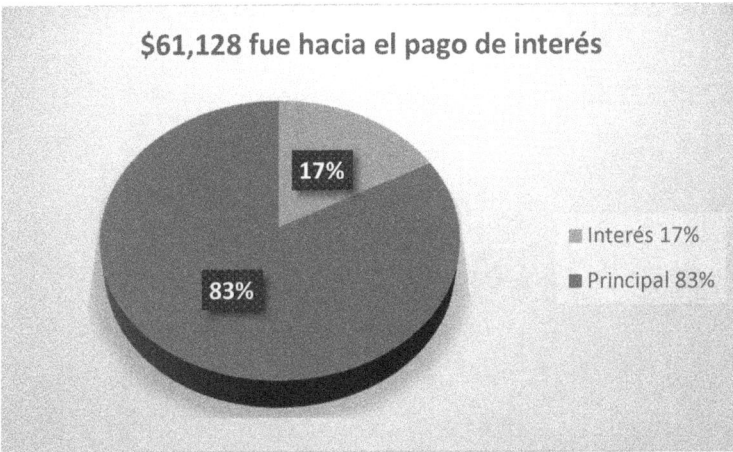

$61,128 fue hacia el pago de interés

Interés 17%
Principal 83%

Si tiene un ingreso por rentas de $500, pagará $61,128 de interés, versus una renta de $1,200 y pagar tan solo $49,606 en interés. Esta es una diferencia de 411,522 durante la vida del préstamo. Se ahorraría $11,522 al tener un ingreso por rentas de $1,200 en vez de $500.

¿Cuánto dinero se ahorra en interés si tiene una hipoteca a 15 años usando el método de ahorros combinados y una renta de $1,200 en vez de una hipoteca a 30 años?

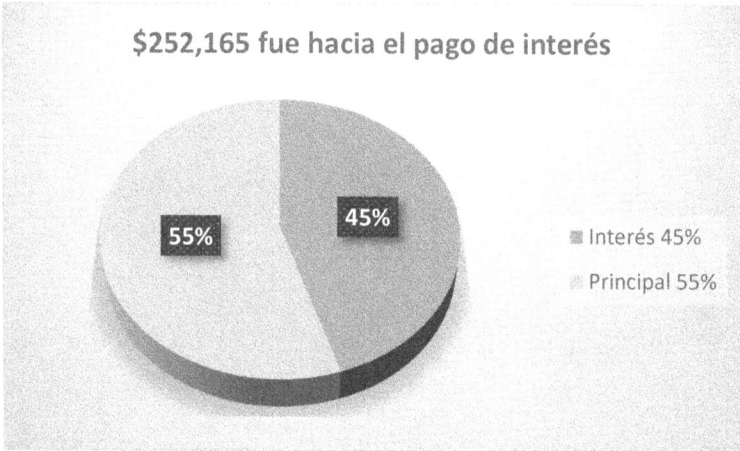

$252,165 fue hacia el pago de interés

45%
55%

■ Interés 45%
◌ Principal 55%

En una hipoteca a 30 años, usted habrá pagado $252,165 en interés durante la vida del préstamo. En una hipoteca a 15 años, usando el método de ahorros combinados y un ingreso por rentas de $1,200, usted pagará $49,606. **Se ahorraría $202,559 en interés durante el préstamo.**

$252,165 - $49,606 = $202,559

PUNTOS CLAVE PARA RECORDAR

1. Puede pagar su hipoteca en 6 años y 8 meses usando los números y métodos mostrados en este ejemplo

2. Tener un ingreso por rentas de $1,200 resulta en $14,400 por año que, aplicado a su hipoteca mensualmente, le permitirá pagarla en menos de 7 años.

3. No escuche a otras personas que dicen que no es posible pagar su hipoteca en menos de 7 años, porque las matemáticas muestran que sí es posible.

4. Otros lo han hecho antes, asique ¿por qué usted no podría?

CAPITULO 13

Poniendo El Plan En Marcha

"Si quiere encontrar prosperidad, corra en la dirección opuesta de la deuda."

Desconocido

Para pagar su hipoteca en 6-8 años, vamos a armar un plan específico que necesita ser ejecutado lo más cerca posible para hacerlo realidad. Si se salta un paso, no podrá esperar tener los mismos resultados que los mostrados aquí. Ahora, hagamos un poco de magia.

Paso 1:

Contacte un banco o prestamista que ofrezca una hipoteca de bajo costo de cierre. Asegúrese que la tasa de interés sea también razonable para que sus pagos se mantengan bajos. Dígales que busca una hipoteca a 15 años y quiere saber qué pueden ofrecer basados en su pago inicial o equidad (si refinancia), y su puntaje de crédito.

Paso 2:

Pregunte al banco si ofrecen un programa de préstamos de pago quincenal, y dígales que eso es lo que quiere. Muchas veces los bancos tienen esta opción, que ayuda a hacer este plan posible.

Paso 3:

Si refinancia, dígales que quiere pagar todas sus tarjetas de crédito (incluso puede incluir su auto si cree que los pagos son altos, o simplemente quiere un pago menos por mes). Así, el banco puede verificar su historial crediticio para calcular cuánto debe y luego descifrar si tiene suficiente equidad para pagar todas las deudas que quiere.

Paso 4:

Si está por comprar una casa, contacte a varias compañías de seguros para que le den detalles de lo que pueden ofrecer. Una vez que tenga todas sus cotizaciones, llámelos y pregunte si pueden ofrecer algo mejor (con suerte de una aseguradora confiable). Si refinancia su casa, haga lo mismo, pero antes llame a su aseguradora actual y pregunte si pueden ofrecer algo mejor que la compañía "XYZ". La mayoría de las veces, usted ahorrará mucho dinero al hacer esto, y luego hacerlo cada año, ya que los pagos de seguros están basados en muchos factores, incluyendo edad, crédito, ubicación (no haber sufrido huracanes o tornados en los últimos "x" años, por ejemplo). Aplicará los ahorros de seguros hacia su pago principal cada año.

Paso 5:

Cuando su pago de impuesto a la propiedad esté por vencer, necesita contactar a su jurisdicción de impuestos para descubrir a qué exenciones calificaría, y luego aplicar los ahorros a su hipoteca en la forma de pagos anuales principales. También, si cree que el valor de impuesto asignado a su casa es incorrecto, reclame esta cantidad al contratar un abogado que se especialice en esta materia. Usualmente, los abogados de bienes raíces son su mejor opción. A veces, le cobrarán basados en un porcentaje de lo que le hacen ahorrar. Los honorarios de los abogados cambian dependiendo del área donde vive y otros factores. Asegúrese de llamar a más de un abogado, para obtener el mejor trato.

Paso 6:

Decida si quiere o puede rentar espacio en su casa, como una habitación extra, espacio eficiente, casa de huéspedes, etc. Recolecte este ingreso por renta mensual que ganará y úselo para hacer pagos adicionales a la hipoteca. Sólo necesita hacer esto hasta terminar de pagar su hipoteca, lo que debería ser pronto si hace las cosas bien. Hay muchas compañías y sitios web que le permiten ofrecer su habitación o espacio para rentar, y usted decide los términos bajo los cuales se renta. Algunas de estas compañías son: Airbnb, tripping,com, flipkey, homeaway, vrbo, housetrip, etc. Estos son solo ejemplos, asique asegúrese de investigar cuál es mejor para usted. He incluso visto personas que convierten su sótano o garaje en habitaciones, y las han hecho muy cómodas para inquilinos. Solo asegúrese de proveer un área segura.

Paso 7:

Si esto no es suficiente, busque un segundo empleo o un empleo a medio tiempo para incrementar su ingreso como: tutorías, traducciones, juntar hojas, podar césped, etc. Esta es solo una opción adicional para obtener más ingreso, pero no es necesaria si ve que todo lo demás le provee suficiente ahorro. A lo largo del tiempo, verá cambios significativos en sus financias. Una vez que empieza, verá que definitivamente es posible pagar su hipoteca mucho antes que los 30 años propuestos por el banco.

Paso 8:

¡Celebre una vez que haya pagado su hipoteca! Vaya de vacaciones u organice una fiesta con amigos y seres queridos.

Paso 9:

Ayude a otros a salir de sus deudas al mostrarles cómo hacer lo mismo que está haciendo o ha hecho. Si es demasiada información, comparta este libro con ellos para que puedan llevárselo a casa y rever todo a su ritmo. Comparta la información que ha aprendido con otras personas que usted cree se beneficiarán, y si alguien no está convencido, simplemente comparta el libro y déjelos venir.

Si más personas en el mundo están libres de deudas, muchas cosas positivas ocurrirán:

- Las familias no tendrán que trabajar tan duro y tendrán más tiempo para estar juntos.
- Cuando los padres pueden pasar más tiempo con sus hijos, pueden fortalecer sus creencias centrales y desarrollar cualidades importantes que beneficiarán a nuestra sociedad y harán los hogares más felices.

- Las personas estarán menos estresadas y vivirán vidas más felices.
- Más personas podrán irse de vacaciones y empezar aventuras nuevas, que ayudarán a la economía y a su propia vida.
- La mayoría de las personas podrán ahorrar más para su retiro, lo que significa que más podrán retirarse antes.
- Al tener menos pagos que hacer, la mayoría de las personas tendrán más tiempo libre y eso significará más libertad para hacer lo que aman.

CAPITULO 14

Nunca haga esto al obtener una hipoteca

"Aquellos que están en deuda aprenden la lección."

Desconocido

Hay cosas que debe recordar nunca hacer cuando obtiene una hipoteca de un banco o prestamista. Si tiene alguna de estas o está en alguna de estas situaciones, siempre hay formas de salirse, pero necesita consultar con su profesional de hipoteca para averiguarlo. La mayoría de las personas aprenden de la forma dura, que es a través de probar y errar, pero si sigue estas "Reglas de Nunca Hacer", se ahorrará tiempo y muchos dolores de cabeza.

Nunca obtenga un préstamo con penalidad por pago anticipado

Las penalizaciones por pago anticipado son cuotas que tendrá que pagar si termina de pagar su hipoteca antes de un período de tiempo específico. Algunos bancos impondrán un período de 2-5 años de pago anticipado. Si el préstamo tiene esta penalización, la tasa es usualmente 3% del monto del préstamo, que es una cantidad grande cuando está tratando de pagar su deuda. Asegúrese de preguntarle a su profesional en hipotecas o representante bancario si el préstamo tiene penalización, y si ofrecen hipotecas que no la tengan. No escoja una hipoteca con penalización por pago anticipado.

Nunca obtenga un préstamo de hipoteca en interés solo

Esto es sólo para inversionistas o personas con conocimientos financieros. Si no es ninguno de éstos, jamás terminará de pagar el préstamo, y tendrá que refinanciar o vender su casa. No querrá hacer pagos por siempre y darse cuenta que todavía debe la misma cantidad con la que empezó.

Nunca deje que el banco escoja qué día hará sus pagos de hipoteca.

Siempre debería hacerle saber al banco qué día o días quiere realizar los pagos de su hipoteca, para que coincidan convenientemente con las fechas en que usted cobra y el dinero está disponible para ser usado para hacer los pagos. Cuando hace pagos quincenales, necesita establecer la fecha para ambos días en el mes. Esto le ayudará a organizarse y prevenir los pagos atrasados.

Nunca obtenga una opción de pago automática

Nunca escoja una opción de pago automático, ya que necesita hacer un hábito de supervisar lo que está pagando cada mes, para poder seguir añadiendo pagos al balance principal y terminar de pagar la hipoteca. Al tener pagos automáticos retirados de su cuenta bancaria, usted:

1) No prestará tanta atención a cuánto va hacia el pago de la hipoteca.
2) Se olvidará del plan para pagos adicionales de hipoteca.
3) No hará un hábito el buscar formas nuevas y mejores para ahorrar en otras áreas, para así aplicar más pagos de hipoteca y terminar de pagarla antes.

Hay una excepción a este punto, que es que pueda tener pagos automáticos debitados de su cuenta cuando es el tipo de persona que se olvidará de hacer los pagos si no son automáticamente debitados. EN este caso, necesita asegurarse de hacer los pagos principales adicionales de forma organizada. Algunas personas tienen muchas cosas en la mente y podrían olvidarse de hacer los pagos. Los pagos automáticos pueden ser una opción, pero siempre prefiera hacer sus pagos manualmente, para estar al tanto de cuánto va hacia el pago de su hipoteca cada vez.

Nunca obtenga un co-deudor o se convierta en uno

Nunca obtenga un co-deudor o se convierta en uno al obtener una hipoteca, al menos que accedan a ayudar a hacer los pagos de la hipoteca y entiendan la responsabilidad que están tomando. Los co-deudores en general terminan siendo miembros de la familia, lo cual significa que, si por alguna razón realiza un pago tarde o perder el préstamo por falta de pago, ellos también se verán afectados negativamente. Si quiere mantener una buena relación con miembros de su familia, no les pida ser co-deudores del préstamo.

Hay una excepción a este punto, que es si considera el co-deudor para la compra como un inversionista, y son socios en el trato, en el cual ambos invierten dinero y tendrán una ganancia porcentual pre acordada. Esto va a prevenir problemas a futuro. Siempre tenga esto por escrito.

Nunca refinancie si los costos de refinanciación serán muy altos

Incrementar la deuda no es el fin mayor, y habiendo trabajado duro en pagar la hipoteca para luego subir el valor del préstamo no tiene sentido. Tiene que haber un beneficio definitivo al refinanciar si incrementará la deuda.

Nunca obtenga una hipoteca con una tasa de interés ajustable

La idea principal al obtener una hipoteca es saber que hará los mismos pagos cada mes a la misma tasa de interés. Incluso si la tasa es menor, no sea engañado para obtener una ARM (hipoteca de tasa ajustable). Éstas son comúnmente utilizadas por inversionistas que planean vender la casa mucho antes de que la tasa de interés se ajuste.

Nunca obtenga una hipoteca con una opción globo

Tener un pago globo es un riesgo grande, considerando que todo en la vida cambia constantemente. Solo los inversionistas deberían obtener una opción globo cuando los beneficie. Cuando tiene un pago globo, se le requiere que pague el préstamo por completo después de un tiempo determinado como 3 años, 5 años o 10 años. No todos tendrán esta cantidad de dinero para pagar su hipoteca. Es una idea mucho mejor pagarla cuando sea más conveniente para usted, en vez de ser forzado a hacerlo en una fecha específica. Usualmente le ofrecerán una tasa de interés más baja al obtener una opción de pago globo, pero no vale la pena.

CAPITULO 15

Reversando las tablas financieras usando el interés compuesto a su favor

"El interés compuesto es la fuerza más poderosa en el universo."

Albert Einstein

Ahora que ha terminado de pagar su hipoteca, empecemos a hacer un poco de magia real. Debería haber liberado $2,180, que era su pago de hipoteca mensual, ¿y ahora qué?, ¿en qué debería invertir?, ¿debería simplemente ahorrar o comprar otra casa? La respuesta depende de usted, pero le mostraré una de las formas más poderosas y simples de incrementar su capital, que requiere la menor cantidad de esfuerzo. No soy un planificador financiero, contador, o abogado (a los cuales debería consultar antes de considerar esta opción), asique asegúrese de preguntarles a ellos primero.

Usemos un ejemplo de cómo el interés compuesto puede ser utilizado.

Digamos que empieza a depositar los mismos $2,180 que estaba pagando al banco en hipoteca, en una cuenta de ahorro que genere interés. Ya que terminó de pagar su hipoteca 22 años antes (si originalmente tenía una hipoteca a 30 años, pero la refinanció a una de 15 años y usó el método de ahorros compuestos junto con un ingreso por renta de $500), calcularemos cuánto podría ahorrar en esos años en los que no tiene que hacer más pagos.

$2,180 - iban hacia el pago de su hipoteca mensualmente.

$2,180 – irán ahora a una cuenta de ahorro con generación de intereses cada mes, que le permitirá generar interés mensualmente (asegúrese de que su banco lo haga mes a mes).

Asumamos una tasa de interés muy modesta de 1%, a pesar de que las tasas pueden ser más altas y podrían fluctuar en esos 22 años.

¿Cómo podría funcionar para usted?

SI hace depósitos mensuales de $2,180 en una cuenta de ahorro con ganancia de interés de 1% mensual, verá cómo sus ahorros crecen, aproximadamente, hasta:

Año 1: $28,362

Año 2: $54,805

Año 3: $81,513

Año 4: $108,489

Año 5: 135,733

Año 6: $163,250

Año 7: $191,043

Año 8: $219,114

Año 9: $247,465

Año 10: $276,100

Año 11: $305,021

Año 12: $334,231

Año 13: $363,733

Año 14: $393,530

Año 15: $423,626

Año 16: $454,022

Año 17: $484,722

Año 18: $515,729

Año 19: $547,047

Año 20: $578,677

Año 21: $610,624

Año 22: $642,890

¡Qué cosa sorprendente! Ha creado una cantidad enorme de dinero a través de ahorros consistentes e interés compuesto.

Un monto inicial de $2,180 se convirtió en $642,890 luego de 22 años.

Los resultados están adentro

En 22 años, la casa que usted pagó debería valer más que 22 años atrás, pero eso no es algo garantizado. Los ahorros compuestos que ha creado a través de acciones persistentes y disciplinadas, son algo con lo que puede contar. La economía puede mejorar o empeorar, pero sus ahorros pueden crecer a una tasa consistente si continúa realizando depósitos cada mes.

No culpe a otros

No dependa de otros y no los culpe por las decisiones financieras que usted toma. Hable con su pareja y planifique acorde. Ahorrar y usar el interés compuesto a su favor dependerá de usted. Le cambiará dramáticamente el futuro cuanto antes empiece.

Usar ambos métodos de pagar deudas y ahorro a través de interés compuesto

Usando ambos métodos: 1. Pagar la hipoteca en 6-8 años y 2. Ahorrar consistentemente por los siguientes 22 años para completar los 30 años iniciales, usted debería tener una casa pagada por completo y una cuenta de ahorros grande para retirarse y vivir cómodamente, siempre y cuando mantenga bajas sus gastos y un estilo de vida razonable. Vivir dentro de sus medios creará estabilidad financiera y paz interior a través de los años. Siempre reserve un poco de dinero para las cosas que querría lograr en la vida y para visitar lugares con los que ha soñado.

Poner su dinero ganado con tanto esfuerzo en inversiones de alto riesgo no le dará resultados a futuro predictivos, los cuales, a medida que envejece, le resultarán más importantes. Este es un ejemplo de lo que puede hacer de forma relativamente segura y consistente, pero la decisión final depende de usted.

Cosas que puede hacer para incrementar la cantidad de fondos luego de 22 años:

1. Busque la caja de ahorros con la mejor tasa de interés
2. Considere hablar con el gerente, ya que tienen el poder de darle una tasa más alta.
3. Incremente la cantidad que puede depositar cada mes al rentar espacio en su casa.
4. Incremente la cantidad que deposita cada mes al ahorrar dinero en otras áreas como: facturas de electricidad, pagos de seguros más bajos, pagar un auto o tarjeta, etc., y usando los ahorros para depositarlos en su cuenta de ahorro.
5. Cambie a un auto híbrido o eléctrico y use los ahorros de combustible para depositarlos en su cuenta de ahorro.

CONSIDEREMOS DIFERENTES RESULTADOS A FUTURO BASADOS EN LO QUE PUEDE HACER CON SUS AHORROS (asumiendo que el interés sea mensual):

Si tiene una cuenta de ahorros con tasa 2%

Si tiene una cuenta de ahorro que recibe 2% interés (en promedio a través de los 22 años), y deposita los mismos $2,180 que estaba usando para pagar la hipoteca cada mes por 22 años, habrá acumulado aproximadamente $722,197

Si hace depósitos mensuales de $2,200 en una cuenta de ahorro con tasa 1%

Si tiene una cuenta de ahorros que gana 1% en interés (en promedio a través de los 22 años), y deposita $20 más que los $2,180 originales, habrá depositado $2,200 cada mes por 22 años, y tendrá $649,341.

Si hace pagos mensuales de $2,500 en una cuenta de ahorro con tasa 1%

Si tiene una cuenta de ahorros que gana 1% en interés (en promedio a través de los 22 años) y deposita $2,500 cada mes por 22 años, habrá acumulado aproximadamente $737,888.

Si hace pagos mensuales de $3,000 en una cuenta de ahorro con tasa 1%

Si tiene una cuenta de ahorros que gana 1% en interés (en promedio a través de los 22 años) y deposita $3,000 cada mes por 22 años, habrá acumulado aproximadamente $885,465.

Si hace pagos mensuales de $3,000 en una cuenta de ahorro con tasa 2%

Si tiene una cuenta de ahorro que gana 2% en interés (en promedio a través de los 22 años), y deposita $3,000 cada mes por 22 años, habrá acumulado aproximadamente $993,850.

Si hace pagos mensuales de $3,000 en una cuenta de ahorro con tasa 3%

Si tiene una cuenta de ahorro que gana 3% en interés (en promedio a través de los 22 años), y deposita $3,000 cada mes por 22 años, habrá acumulado aproximadamente $1,119,839.

Comparta el conocimiento

Una de las formas más útiles de aprender lo que hay en este libro es enseñándole a alguien más cómo pagar su hipoteca anticipadamente. Qué bueno sería si más personas salieran de sus deudas, especialmente cuando la deuda es grande. Las hipotecas son, generalmente, la deuda más grande en la que las personas incurren en sus vidas.

¿A quién conoce que sea dueño de su casa?

La mayoría de las personas que tienen una casa, tendrán una hipoteca y estarán muy interesados en aprender cómo pueden pagarla mucho antes.

¿Sabe de al menos 5-10 personas con las que podría compartir este conocimiento?

Llámelos y dígales que tiene información valiosa que los beneficiaría y posiblemente les permitiría retirarse antes.

Siempre recuérdeles contactar a su contador o planificador financiero por cualquier pregunta sobre información específica que necesiten saber. Para un propósito de educación general, necesitarán lo que hay en este libro y tiene el poder de ayudar a otra persona en necesidad. CADENA DE FAVORES.

La información puede ser muy poderosa, pero es incluso más poderosa cuando es compartida con otros que importan.

APRENDA – APLIQUE - COMPARTA

Vocabulario Importante

Préstamo Hipotecario Fijo a 15 años: es un préstamo dado por un banco o prestamista, cuyo interés se mantiene igual durante el término del préstamo, que es 15 años, y es utilizado para financiar la compra de una propiedad inmueble.

Préstamo Hipotecario Fijo a 30 años: es un préstamo dado por un banco o prestamista, cuyo interés se mantiene igual durante el término del préstamo, que es 30 años, y es utilizado para financiar la compra de una propiedad inmueble.

Amortización: es el término utilizado para explicar la reducción del préstamo que se paga en la forma de pagos principales.

Pagos Quincenales: es un plan en el que los pagos de la hipoteca se hacen cada dos semanas en vez de 1 vez por mes.

Interés Compuesto: Es el término utilizado para explicar la adición de interés a una suma principal de dinero depositado. Se refiere usualmente como "interés en interés".

Deuda: la suma de dinero que se debe.

Pago inicial: es la cantidad que el comprador paga para comprar una casa, en adición a los fondos que toma en préstamo.

Cargo financiero: es el costo del crédito al consumo en dólares.

Primera Hipoteca: es el término utilizado para describir un instrumento de seguridad con una posición primaria.

Tasa de interés: Al referirse a un préstamo, es la cantidad cobrada por el prestamista, y está expresada en un porcentaje del monto principal

Préstamo: dinero que se presta con la intención de que se devuelva con interés.

Procesador de Préstamo: un individuo que realiza tareas administrativas o de apoyo como un empleado en el proceso de un préstamo hipotecario.

Préstamo-a-valor: la relación entre el balance principal sin pagar y el valor tasado/precio de compra (el que sea menor) de la propiedad.

Hipoteca: es un préstamo que un banco o prestamista ofrece para el propósito de financiar la compra de una propiedad inmueble.

Originador de Préstamo Hipotecario: un individuo que aplica para un préstamo hipotecario.

Penalidad de pago anticipado: un impuesto pagado al prestamista (usualmente el banco) si la persona paga la hipoteca entera en un período de tiempo menor al pautado.

Principal: cuando se habla de un préstamo, el monto principal es la cantidad que se debe.

Este libro está dedicado a mi padre, por haberme motivado para iniciarme en el mundo de las hipotecas.

www.ingramcontent.com/pod-product-compliance
Lightning Source LLC
Chambersburg PA
CBHW021104210326
41598CB00016B/1328